MIX
Aus verantwortungsvollen Quellen
FSC® C022120
www.fsc.org

ISBN 978-3-649-62591-9

Hafenweg 30, 48155 Münster, Germany
Textsatz: Internetlitho, Münster
Redaktion: Inga Hagemann und Louisa von Urach

Printed in Slovakia

www.coppenrath.de

Glück ist gar nicht mal so selten

Heitere Geschichten

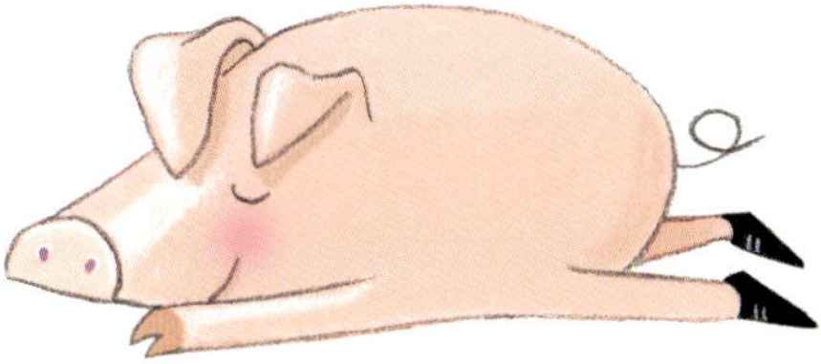

Mit Illustrationen
von Carola Holland

COPPENRATH

Inhalt

Georg Bydlinski

Luck & Happiness

Frau Stolz stand vor der Schultafel und schrieb mit farbigen Kreiden fünf Buchstaben: G - L - Ü - C - K. Jeder Buchstabe hatte eine andere Farbe. Das G war rot, das L gelb, das Ü grün, das C blau und das K rosa. Dann schrieb sie das Ganze mit weißer Kreide noch einmal auf Englisch. Da waren es plötzlich zwei Wörter: LUCK und HAPPINESS.

„Man kann Glück *haben* und glücklich *sein*", erklärte Frau Stolz. „Wenn man Glück hat, ist man *lucky*, wenn man glücklich ist, *happy*."

Sie blickte in die Reihen der 4 c. Die Kinder schrieben die Wörter gerade von der Tafel ab.

„Wann habt ihr schon einmal Glück gehabt?", fragte sie.

Larissa kicherte. „Einmal bin ich zu spät in die Schule gekommen", sagte sie. „Aber du warst auch zu spät dran und hast es gar nicht bemerkt."

„Ich hab bei einer Verlosung eine Armbanduhr gewonnen", sagte Florian.

„Ich hab einen vierblättrigen Klee gefunden", sagte Katharina. „Da hab ich gleich zweimal Glück gehabt:

einmal, wie ich ihn gefunden hab, und dann, wie er Glück gebracht hat."
„Hat er dir wirklich Glück gebracht?", fragte Robin. „Wie denn?"
„Ich kann mich nicht mehr so gut erinnern", sagte Katharina, „es ist schon zu lange her."
„Wahrscheinlich war er eh nur dreiblättrig", sagte Martin. „Und das vierte Blatt hast du dazuerfunden."
„Hallohallo", rief Frau Stolz. „So nicht! – Wann hast denn du einmal Glück gehabt, Robin?"
„Beim Fußball", sagte Robin. „Da hab ich aufs Tor geschossen, und der Ball ist an die Latte gegangen. Von dort ist er dem Tormann auf den Rücken geprallt und dann ganz langsam über die Linie gerollt…"
„Gut geschildert, Robin", sagte Frau Stolz. „Und wie war's bei dir, Martin?"
„Ich … ich hab beim letzten Mathetest bei einer Rechnung einfach nur geraten und dann war's richtig!"
„Soso, was man hier alles erfährt…", meinte Frau Stolz nachdenklich. Sie drehte sich zur Tafel und ringelte das Wort LUCK mit einer wolkigen weißen Linie ein.
Dann zeigte sie auf HAPPINESS.
„Und wann wart ihr glücklich?", fragte sie.
„Beim Ponyreiten im Park", sagte Niko.

„Nach unserer Übersiedlung“, sagte Hakan, „als ich neue Freunde gefunden habe.“
„Am Geburtstag meiner Mama“, sagte Rosanna. „Weil sie sich so über mein Geschenk gefreut hat.“
„Ich am letzten Freitag“, rief Manuel, „da hab ich in einer Überraschungstüte eine seltene Briefmarke gefunden!“
„Warst du da glücklich“, fragte Frau Stolz, „oder hast du eher Glück gehabt?“
„Beides“, erwiderte Manuel.
Merve zeigte schon die ganze Zeit auf. „Ich war glücklich und …“, sagte sie. „Am besten, ich beginne ganz vorn: Ein Vogelkind ist aus dem Nest gefallen. Und wir haben es aufgezogen, in einem alten Papageienkäfig, und gefüttert. Und eines Tages war es groß und ist weggeflogen, und da war ich glücklich, aber zugleich auch traurig, verstehst du?“

„Das hast du schön erzählt, Merve“, sagte Frau Stolz. „Und ich verstehe auch dein Gefühl. Manchmal ist Glücklichsein und Traurigsein vermischt, und man kann beides nicht trennen.“

„Mein Opa ist wieder aus dem Krankenhaus zurück“, sagte Christian. „Das hat mich glücklich gemacht.“

„Und ich war glücklich, als wir unsere Katze wiedergefunden haben“, berichtete Marta. „Sie war fast eine Woche weg und schon ganz abgemagert!“

„Ich war überglücklich“, flüsterte Ursula geheimnisvoll, „als ich mich nach einem langen Streit wieder versöhnt hab.“

„Mit wem?“, fragte Robin.

„Sag ich nicht“, sagte Ursula.

„Wann warst *du* eigentlich glücklich, in letzter Zeit?“, fragte Christian die Lehrerin.

Frau Stolz überlegte.

„Am Wochenende“, antwortete sie, „auf einer langen Wanderung durch den Wald und über die Hügel. Da hat alles so gut geduftet, und die Bäume und Wiesen lagen im hellen Sonnenlicht.“

Frau Stolz griff nach der Kreide. Sie ringelte das Wort HAPPINESS mit einer rosa Wolkenlinie ein. Dann blickte sie in die Gesichter ihrer Schülerinnen und Schüler.

„Ich glaub, mit euch hab ich heute Glück“, sagte sie lächelnd. „Und das macht mich glücklich.“

Christine Nöstlinger

Inseln der Seligkeit

Wenn man durch die Straßen einer Großstadt geht und den Menschen, die einem entgegenkommen, in die Gesichter schaut, muss man zum Schluss kommen, dass das Leben eine harte, lustlose, unerfreuliche, kummervolle Sache sei. Die Mundwinkel hängen traurig, die Sorgenfalten furchen die Stirnen, die Nasen sind pflasterweise gerümpft, kaum ein Lächeln, kaum ein heiter blitzendes Augenpaar ist zu sichten. Aber es gibt auch in jeder Großstadt Inseln der Glückseligkeit! Straßenecken, an denen man nur glückliche Gesichter sehen kann, Gesichter mit sanft leuchtenden Augen, die einen zutiefst nach innen gekehrten Ausdruck haben! Diese Inseln der Seligkeit im bitteren Großstadtleben befinden sich dort, wo ein Eissalon ist, und die Träger des glückseligen Gesichtsausdrucks sind die Eisschlecker! Jedes Mal, wenn ich an einem Eissalon vorbeikomme, erfreue ich mich am Anblick der verklärten Stanitzlträger. Jeglicher Harm, aller Stress ist aus ihren Gesichtern gewichen. Sogar der dicke Mann mit den tätowierten Armen, den – ohne Eistüte – jeder

Filmregisseur vom Fleck weg als brutalen Unterweltler engagieren würde, schaut – mit Eistüte – drein wie ein heiteres Unschuldslamm.
Ich habe schon Menschen gesehen, die mit verbitterter Miene Gänseleber mampften und verkniffenen Auges Kaviar in den Mund stopften, doch vergrämt dreinschauende Eisschlecker sah ich noch nie!
Eis ist eben keine Nahrung, Eis ist nicht einmal ein Dessert. Eis ist eine Belohnung!
Eis bekam man als Kind, wenn man brav war. Und wenn man nicht ganz brav war und trotzdem ein Eis bekam, dann konnte man sicher sein, dass einen Mama und Papa sehr lieb hatten.
Nun ist man groß und erwachsen und belohnt sich, weil das sonst so selten wer tut, mit einem Eis. Und hat sich, weil die andern das nur unzureichend tun, selbst sehr lieb.
Man wird auf Stanitzldauer wieder zum glücklichen Kind und darf ein Kindergesicht aufsetzen.

Da aber Kindsein seine Tücken haben kann, ist auch des Eisschleckers Glück nicht immer ein ungetrübtes. Den Dr. Huber, zum Beispiel, den bringt kein Schicksalsschlag aus der Ruhe. Der behielt sogar seinen „coolen“ Blick, als er vom Seitensprung seiner Ehefrau erfuhr. Der zuckte mit keinem Mundwinkel, als seine Aktien rapide fielen! Als ihm aber gestern, gleich nach Verlassen des Eissalons, die Himbeereiskugel vom Stanitzl kippte und aufs Pflaster platschte, da spiegelte sein Antlitz schieres Unglück wider und maßlose Verzweiflung. Und eine uralte, nicht geweinte Kinderträne kullerte aus seinem linken Auge.

Ajahn Brahm

Das Zwei-Finger-Lächeln

Lob spart uns Geld, bereichert unsere Beziehungen und schafft Freude. Wir sollten damit viel großzügiger umgehen.

Am schwersten ist es, sich selbst zu loben. Ich wurde mit dem Spruch erzogen, dass Eigenlob stinkt. Das ist nicht der Fall. Es verbreitet einen wunderbaren Duft, der allen zugutekommt. Wenn wir unsere guten Eigenschaften loben, fordern wir uns auf positive Weise heraus.

Während meiner Lehrzeit gab mir mein erster Meditationslehrer einen nützlichen Rat. Er leitete ihn mit der Frage ein, was ich denn am Morgen nach dem Aufstehen als Erstes täte.

„Ich gehe ins Badezimmer“, antwortete ich.

„Gibt es einen Spiegel in deinem Badezimmer?“, erkundigte er sich.

„Natürlich.“

„Gut“, fuhr er fort. „Jetzt möchte ich, dass du jeden Morgen noch vor dem Zähneputzen in diesen Spiegel schaust und dich anlächelst.“

„Sir!“, protestierte ich. „Ich bin ein Schüler! Manchmal komme ich erst sehr spät ins Bett und fühle mich am Morgen nicht gerade taufrisch. Ehrlich gesagt hätte ich an manchen Tagen Angst, mich frühmorgens im Spiegel zu betrachten, geschweige denn, mich gar anzulächeln!“

Er schmunzelte, sah mir tief in die Augen und sagte: „Wenn du ein natürliches Lächeln nicht zustande bringen solltest, dann lege jeweils einen Zeigefinger an deine beiden Mundwinkel und zieh den Mund hoch. Genau so.“

Und dann führte er es mir vor.

Er sah lächerlich aus. Ich kicherte. Dann befahl er mir, es ihm nachzutun. Natürlich folgte ich der Aufforderung.

Am nächsten Morgen schleppte ich mich mühsam aus dem Bett und schwankte müde zum Badezimmer. Ich betrachtete mich im Spiegel.

„Brrr …“ Wahrlich kein schöner Anblick. Nichts, was ein natürliches Lächeln hervorrufen würde. Also hob ich die Zeigefinger, legte jeden in einen Mundwinkel und schob sie hoch. Da sah ich diesen dummen jungen Mönch, der dem Spiegel ein blödes Gesicht zeigte, und musste ganz unwillkürlich grinsen. Und ich sah, dass mich der Mönch im Spiegel ganz natürlich anlächelte.

Also lächelte ich weiter. Der Mann im Spiegel lächelte noch mehr, und nach wenigen Sekunden lachten wir einander regelrecht an.
Zwei Jahre lang machte ich jeden Morgen diese Übung. Und an jedem Morgen, ganz gleich, wie ich mich nach dem Aufwachen fühlte, stand ich da und lachte mich im Spiegel an. Oft unter Zuhilfenahme der beiden Finger. Heutzutage wird behauptet, dass ich sehr viel lächle. Vielleicht sind ja die Muskeln meiner Mundwinkel in dieser Position stecken geblieben.
Den Zwei-Finger-Trick können wir zu jeder Tageszeit anwenden. Er ist vor allem dann hilfreich, wenn wir uns unwohl fühlen, total erledigt oder richtig deprimiert sind. Es ist bewiesen, dass Gelächter Endorphine in unsere Blutbahn entlässt, die unser Immunsystem stärken und uns Glücksgefühle verschaffen.
Diese kleine Bewegung hilft uns dabei, die 998 guten Backsteine in unserer Mauer zu sehen, nicht nur die beiden schlecht eingesetzten. Und Lachen macht uns schön. Schon deshalb nenne ich unseren Buddhisten-Tempel in Perth „Ajahn Brahms Schönheitssalon“.

Doris Bewernitz

Vom Finden eines Gartens

Die Annonce lese ich an einem Freitag im April. Ich weiß, ich werde anrufen, hinfahren, mir einen Eindruck verschaffen und dann gelassen Abstand nehmen. So mache ich es seit Jahren. Meist genügt es mir, dicht an etwas heranzugehen, um zu wissen, dass ich es nicht brauche. Übrigens nicht die schlechteste Methode, meine florale Sehnsucht in den Griff zu bekommen. Einen Grund, sich gegen den Kauf eines Gartens zu entscheiden, gab es bisher immer.

„Gut, also um zwei am Zeitungsladen im Bahnhof", sagt Frau K. „Ich hab 'ne rote Jacke an."

Ich wundere mich zwar, dass ich in einen Bahnhof kommen soll, um einen Garten anzusehen, aber es vergrößert durchaus meine Neugier.

Frau K. kommt, begrüßt mich und holt einen Schlüssel aus der Tasche. Über uns rauschen die S-Bahnen. Ich bin darauf gefasst, dass wir nun einen längeren Weg vor uns haben, um die Bahnhofshalle herum oder um Häuserblocks, und staune, als sie zielsicher auf eine eiserne Tür zugeht, die sich in der Wand

zwischen einem Obststand und einer Telefonsäule befindet.
„Kommen Sie", ruft Frau K. und schließt auf. Ich mache zwei Schritte, die Tür fällt hinter uns zu, und ich werde verschluckt. Verschluckt vom Blattgrün, Krähengeschrei, Amselgesang, Blütenduft. Ich muss mich zwingen, nicht stehen zu bleiben und stattdessen der Frau zu folgen, die rasch auf dem schmalen Weg voranschreitet. Rechter Hand liegt zwar der Damm der S-Bahn. Aber hier ist das Paradies.
Vor dem vierten Garten bleibt sie stehen, wartet, bis ich heran bin und sagt: „So. Das ist er."
Ein Pfirsichbaum! Gleich neben dem Eingang! Seine schlanken, noch blattlosen Äste beugen sich weit über Gartentor und Zaun und sind betupft mit zartrosa Blüten. Auf der Wiese daneben zwei Riesen: uralte Kirschbäume. Ihre Rinde löst sich ab wie Papyrusrollen. Hellgrüne Flechten kriechen die Stämme hinauf. Kirschblüten schweben durch die Luft wie verspätete Schneeflocken. Eine Blaumeise wippt auf dem Zaun …
„Sie müssen doch nicht draußen stehen bleiben", ruft Frau K. irgendwo aus den Tiefen des Grüns. „Kommen Sie doch rein!"
Vor dem Zaun Veilchen, ein lila Teppich. Hinter dem Zaun auch, auf den Beeten, auf dem Weg, überall!

Andächtig betrete ich den Garten. Und dieser Gesang …
„Ist das wirklich eine Nachtigall?“, frage ich.
„Eine? Wir haben drei in der Anlage!“
Der Weg führt durch ein Meer von Tulpen. Lila, Gelb und knalliges Zinnober. Welch ein Duft! Einige Narzissen blühen noch, andere haben schon dicke Samenstände angesetzt. Hyazinthen, Schlüsselblumen, Kaiserkronen. Mitten auf dem Beet schwenkt eine goldgelbe Taglilie ihre schlanken Blätter, gleich daneben eine dunkelblau gefleckte Iris. Dazwischen rollen Farne ihre kunstvollen Spiralen aus. Oh – im Farn wohnt ein Förster mit Hund und Laterne. Und zwei Rehe, ein stehendes und ein liegendes. Und ein von oben bis unten giftblauer Zwerg mit Schubkarre und ein ziemlich verblasster mit Sonnenblume samt Eichhörnchen im Arm. Irritiert wende ich mich einem Bäumchen zu, das mir seine herzförmigen Blätter und rosa Blüten entgegenstreckt. Frau K. scheint mein ratloses Gesicht zu bemerken und erklärt, dass es sich um eine Aprikose handelt. „Selbst gepflanzt! Vor sechs Jahren! Hat auch schon getragen.“
Welch ein Garten! Bei der Vorstellung, dass es meiner sein könnte, macht mein Herz einen Freudensprung.
S-Bahn-Bremsen quietschen. Ich drehe mich um und kann die Gesichter der Leute sehen, die in der Bahn

sitzen. Das ist doch zu dicht! Bin ich dabei, in meinem Überschwang einen gewaltigen Fehler zu machen? Ich spreche die Nähe der Bahn an. „Das hat uns nie gestört", versichert Frau K., nimmt aber meine Bedenken ernst und ist damit einverstanden, mich für zwei Stunden im Garten allein zu lassen, damit ich einen Entschluss fassen kann.

„Dann bis nachher zum Kaffee", sagt sie. „Das Haus erklärt Ihnen dann mein Mann." Sie geht.

Ich schlendere die Wege entlang. Stelle mich unter die Kirschbäume. Wie soll ich in nur zwei Stunden eine so wichtige Entscheidung fällen! Ich halte meine Nase in einen roten Kelch mit schwarzem Stern. Dieses reine Rot. Das können nur Tulpen. Ich gehe ums Haus, schnuppere am Oregano, an der Pfefferminze, am Salbei. Sogar Koriander gibt es! Den kann ich fürs Brotbacken nehmen. Ich trage einen Stuhl in die Sonne, setze mich und schließe die Augen.

Das Haus ist ein kleines Steinhäuschen mit geteertem Flachdach und, soweit ich das beurteilen kann, trockenen Wänden. Mehrere niedrige Obstbäume gibt es, Birne und Sauerkirsche. Und einen charaktervollen alten Apfelbaum, rechts hinterm Haus, der mir sofort sympathisch ist. An seinem Fuß lehnt ein kniehoher Zwerg mit Spaten. Welche Menge Gartenzwerge diese

Leute gesammelt haben! Überall stehen sie herum: im Erdbeerbeet, zwischen Rhabarberblättern, unter Stachelbeerbüschen. Einer im gelben Pullover lächelt mich so charmant an, dass ich unwillkürlich zurücklächeln muss. Zumindest so lange, bis mir einfällt, dass ich Gartenzwerge ja eigentlich nicht mag.

Zwischen den Grashalmen sehe ich einem Regenwurm dabei zu, wie er ein abgefallenes Blatt langsam in den Boden zieht. Wenn das mein Garten wäre, könnte ich ein kleines Stück der Erde beschützen. Hier würde kein Gift ausgekippt. Hier würden keine Bäume gefällt. Hier könnte ich pflanzen, was ich wollte. Regenwürmer wären meine Brüder, sie würden mir die Erde umgraben. Ich müsste ihnen nichts dafür bezahlen. Den Tulpen auch nicht. Sie blühen kostenlos …

Als ich mich träumend auf dem Stuhl in der Frühlingssonne wiederfinde und feststelle, dass ich meinen Lieblingsplatz bereits gefunden habe, weiß ich: Die Entscheidung ist längst gefallen.

Hinter dem Zaun bemerke ich eine kniende ältere Dame vor einem Erdbeerbeet. Ich trete näher, stelle mich vor und sage, dass ich die Neue bin.

Sie betrachtet mich kritisch: „Seit wann?“

„Seit jetzt“, entgegne ich. „In diesem Moment. Sagen Sie, ist das hier … sehr vereinsmäßig? Ein Meter zwan-

zig Heckenhöhe und das Gras immer fünf Zentimeter und so?"
„Nö", sagt sie, „wir sind ja nur vierzehn Gärten. Hier macht jeder, was er will."
Da kommen Herr und Frau K.
Sie haben Kuchen und eine Thermoskanne mitgebracht. Er schließt das Haus auf, stellt einen runden Tisch davor und seine Frau schenkt Kaffee ein. Wo sind nur die zwei Stunden geblieben?
„Na?", fragt sie.
„Schön ist er", sage ich. „Wunderschön!"
Herr K. zeigt mir das Innere des Hauses und raunt mir den Preis zu mit der Bemerkung, ich könne es auch in Raten zahlen. Dann setzen wir uns auf die Terrasse, trinken Kaffee und krümeln zur Freude der Spatzen mit dem Kuchen.

„Wie lange haben Sie den Garten denn schon?“, frage ich.
„Zwanzig Jahre“, sagt Herr K.
„Einundzwanzig“, korrigiert seine Frau. Ich sehe, dass sie traurig ist. „Aber wir schaffen das nicht mehr. Gesundheitlich, wissen Sie.“ Und während ich noch überlege, was ich darauf erwidern könnte, fährt sie fort: „Mein Mann hat Gartenzwerge gesammelt.“
„Oh, ja“, stottere ich, „das … habe ich schon bemerkt. Aber … wollen Sie die nicht mitnehmen? Falls Sie noch Verwendung dafür …“
„Für ’n Balkon, oder?“, lacht Herr K. „Genau Gabi, wir stellen alle dreiunddreißig auf ’n Balkon, da brauchste nix mehr zu pflanzen!“
„Dreiunddreißig?“, entfährt es mir. „Ich habe nur fünfzehn …“
„Die andern sind eingewachsen“, sagt er. „Die finden Sie schon noch.“ Er amüsiert sich. „Den Förster, vorn links, mit dem Hund, haben Sie den gesehen? Der leuchtet sogar. Ich zeig’s Ihnen.“ Er geht ins Haus und steckt einen Stecker ein. Dann winkt er mir, ihm zu folgen. Wir stehen vor dem illuminierten Förster. „Nachts macht das natürlich viel mehr her!“ Der Förster leuchtet abwechselnd an unterschiedlichen Körperstellen. Auch der Hund blinkt launisch an Augen,

Schnauze und Schwanz. Jetzt blitzen bei beiden gleichzeitig die Augen. Ich denke, dass man dieses Arrangement gut für die Geisterbahn verwenden könnte, behalte diesen Gedanken aber für mich. Die Laterne des Försters, bei der ich es am ehesten vermutet hätte, die leuchtet nicht. Herr K. strahlt, als wäre er selbst der Förster. „Marke Eigenbau", schwärmt er. „Selbst entworfen, mit 'ner Weihnachtsbaumbeleuchtung!"
Ich nicke so anerkennend wie möglich.
„Und?", fragt er. „Haben Sie sich entschieden?"
Ich sage ja.
Da packt er meine Hand und schüttelt sie so kräftig, als wolle er sie abreißen. „Richtig! Gute Entscheidung! Sie werden es nicht bereuen! – Sie nimmt ihn!", ruft er seiner Frau zu. Sie lächelt. Wir setzen uns wieder an den Tisch, Frau K. gießt neuen Kaffee ein und ihr Mann schiebt mir den Vertrag rüber.
Ich unterschreibe.
Mir ist ganz feierlich zumute. Es ist der 12. April 2008. Jetzt habe ich also einen Garten.

Verfasser unbekannt

Ungleiche Zwillinge

Es waren einmal Zwillinge, die glichen sich äußerlich wie ein Ei dem anderen. Ansonsten waren sie aber vollkommen verschieden.

Wenn es dem einen zu heiß war, war es dem anderen zu kalt. Wenn der eine sagte: „Die Musik ist zu laut", wollte der andere die Musik noch lauter. Und der auffälligste Unterschied zwischen den beiden war der, dass der eine von ihnen zu jeder Stunde optimistisch und zuversichtlich war, während sich der andere immer schlecht gelaunt und pessimistisch gab.

Als sie nun eines Tages Geburtstag hatten, wagte der Vater der Zwillinge ein Experiment: Er wartete am Vorabend des Geburtstages so lange, bis seine Söhne eingeschlafen waren, und machte sich dann heimlich ans Werk.

Er füllte das Zimmer des Pessimisten bis unter die Decke voll mit den schönsten Geschenken: Spielzeug, Sportgeräte, technische Geräte und vieles mehr. Dem Optimisten aber legte er nur einen stinkenden Haufen Pferdeäpfel ins Zimmer – sonst nichts. Nun war er

gespannt, was passieren würde.

Am nächsten Morgen schaute der Vater zuerst ins Zimmer des Pessimisten. Er fand ihn laut klagend am Boden sitzen, inmitten der ganzen wundervollen Geschenke.

„Warum weinst du denn?“, fragte der Vater.

„Erstens, weil meine Freunde neidisch sein werden, zweitens, weil ich die ganzen Gebrauchsanleitungen lesen muss, bevor ich mit den Geschenken etwas anfangen kann, drittens, weil ich für die meisten dieser Spielsachen ständig neue Batterien brauchen werde und viertens, weil im Lauf der Zeit bestimmt ein paar von den Spielsachen kaputtgehen werden!“

Darauf ging der Vater in das Zimmer des optimistischen Zwillings. Dieser hüpfte vor Freude um die Pferdeäpfel herum.

„Warum bist du denn so fröhlich?“, fragte der Vater.

„Ganz einfach“, antwortete dieser, „weil irgendwo im Haus ein Pony sein muss!“

Aus dem Kongo

Das Glas Milch

Eines Tages ging ein armer junger Mann von Tür zu Tür, um Waren zu verkaufen, damit er sein Medizinstudium finanzieren konnte. Er stellte fest, dass er nur noch ein 10-Cent-Stück besaß, und er hatte Hunger. Daher beschloss er, im nächsten Haus um etwas zu bitten. Doch als dort eine hübsche junge Frau die Tür öffnete, verließ ihn der Mut. Anstatt um eine Mahlzeit bat er nur um ein Glas Wasser.

Die Frau sah, dass er hungrig war, und brachte ihm ein großes Glas Milch. Er trank es langsam aus und fragte dann: „Was bin ich Ihnen dafür schuldig?"

„Sie brauchen mir gar nichts dafür zu bezahlen", antwortete sie. „Meine Mutter hat uns beigebracht, dass wir niemals für eine Freundlichkeit Geld annehmen sollen."

Der junge Mann antwortete: „Dann danke ich Ihnen von Herzen." Als er das Haus verließ, fühlte er sich nicht nur körperlich gestärkt, sondern er spürte auch, wie er seinen Glauben an die Menschen wiedergewann. Er hatte kurz davor gestanden, aufzugeben.

Einige Jahre später wurde diese junge Frau ernsthaft krank. Die Ärzte in ihrem Ort wussten nicht mehr weiter. Sie schickten sie in die nächste Großstadt und baten die Spezialisten, die Behandlung dieser seltsamen Erkrankung zu übernehmen.

Dr. Howard Kelly wurde gerufen, um sich die Patientin anzusehen. Als er den Namen der Stadt hörte, aus der sie stammte, blitzte ein seltsames Funkeln in seinen Augen auf. Er machte sich sofort auf den Weg zu ihrem Zimmer. In seinem weißen Kittel trat er an ihr Bett und erkannte sie sofort wieder. Dann ging er in sein Büro

zurück, fest entschlossen, sein Bestes zu geben, um ihr Leben zu retten. Von diesem Tag an kümmerte er sich mit ganz besonderer Aufmerksamkeit um ihren Fall.
Nach einem langen Kampf war die Schlacht schließlich gewonnen. Dr. Kelly bat darum, dass die abschließende Rechnung zuerst ihm zur Prüfung vorgelegt würde. Er sah nur kurz darauf, schrieb dann eine Bemerkung an den Rand und schickte die Rechnung ins Krankenzimmer. Die Frau fürchtete sich davor, sie zu öffnen, weil sie sicher war, dass sie den Rest ihres Lebens damit verbringen müsste, sie vollständig abzubezahlen.
Endlich öffnete sie doch den Umschlag. Etwas Handgeschriebenes auf dem Rand der Rechnung fesselte sofort ihre Aufmerksamkeit. Sie las die Worte: „Vollständig bezahlt mit einem Glas Milch; gez. Dr. Howard Kelly.“ Tränen der Freude schossen ihr in die Augen, und ihr Herz bebte voller Glück.

Antoine de Saint-Exupéry

Die Kunst der kleinen Schritte

Ich bitte nicht um Wunder und Visionen, Herr, sondern um Kraft für den Alltag. Lehre mich die Kunst der kleinen Schritte.
Mach mich griffsicher in der richtigen Zeiteinteilung, schenke mir das Fingerspitzengefühl, um herauszufinden, was erstrangig und was zweitrangig ist.
Ich bitte um Kraft für Zucht und Maß, dass ich nicht durch das Leben rutsche, sondern den Tagesablauf vernünftig einteile, auf Lichtblicke und Höhepunkte achte und wenigstens hin und wieder Zeit finde für einen kulturellen Genuss.
Lass mich erkennen, dass Träume nicht weiterhelfen, weder über die Vergangenheit noch über die Zukunft. Hilf mir, das Nächste so gut wie möglich zu tun und die jetzige Stunde als die wichtigste zu erkennen.
Bewahre mich vor dem naiven Glauben, es müsste im Leben alles glattgehen. Schenke mir die nüchterne Erkenntnis, dass Schwierigkeiten, Niederlagen, Misserfolge, Rückschläge eine selbstverständliche Zugabe zum Leben sind, durch die wir wachsen und reifen.

Erinnere mich daran, dass das Herz oft gegen den Verstand streikt. Schick mir im rechten Augenblick jemanden, der Mut hat, mir die Wahrheit in Liebe zu sagen.
Ich möchte dich und die anderen immer aussprechen lassen. Die Wahrheit sagt man nicht sich selbst, sie wird einem gesagt.
Du weißt, wie sehr wir der Freundschaft bedürfen. Gib, dass ich diesem schönsten, schwierigsten und zartesten Geschenk des Lebens gewachsen bin.
Verleihe mir die nötige Fantasie, im rechten Augenblick ein Päckchen Güte mit oder ohne Worte an der richtigen Stelle abzugeben.
Mach aus mir einen Menschen, der einem Schiff mit Tiefgang gleicht, um auch die zu erreichen, die „unten“ sind. Bewahre mich vor Angst, ich könnte das Leben versäumen. Gib mir nicht, was ich mir wünsche, sondern was ich brauche.
Lehre mich die Kunst der kleinen Schritte.

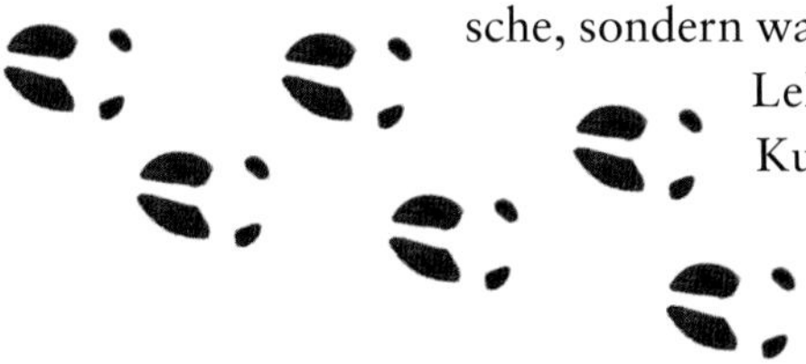

Elke Bräunling

Ein Glück für das Sparschwein

Auf Toms Regal standen so viele Spielsachen, dass sich unter ihrer Last die Bretter bogen.
„Wir sind zu viele", knurrte der Plastikdino.
„Recht hast du", bestätigte Big-Turtle, der Boss der ÜberraschungsEi-Figuren. „Einige von uns sind hier überflüssig."
„Jawohl!", brüllten die Weltraumhelden. „Weg mit all dem altmodischen Kram!"
„Meint ihr uns?", fragten die Schmusetiere ängstlich.
„Viel Platz braucht ihr schon", sagte der Dino. „Und du, Kasper, liegst mit deinen Kumpanen schon ewig nutzlos hier herum."
Kasper und seine Freunde, der Räuber, der Polizist, Gretel und die Großmutter, protestierten: „Wir lassen uns von euch nicht vertreiben!"
Laut ging es zu auf dem Regal und trubelig.
Nur das Sparschwein schwieg. Es war nämlich so voll gefüttert, dass fast keine Münzen mehr in seinen Bauch passten. Schon fingen die Spielsachen an zu stänkern.

„Du, Sparschwein“, sagte der Dino, „wirst uns bald keinen Platz mehr wegnehmen, so voll gefressen, wie du bist.“

„Stimmt“, kicherte Big-Turtle, „mit dem Hammer wird Tom kommen und – wumm, bum, patsch – deinen Fettbauch aufschlagen.“

„Und mit dem Geld kauft er sich neue Autos“, riefen die Matchboxautos.

„Oder Dinos“, sagte der Dino.

„Nein, ÜberraschungsEier.“

„Oder …“ Die Spielsachen hatten viele Ideen.

Das arme Sparschwein fühlte sich sehr elend, und jedes Mal, wenn Tom ein Geldstück in seinen Bauch warf, zuckte es ängstlich zusammen. Wann würden die Münzen im Schlitz stecken bleiben?

Eines Tages kam Tom mit einem Korb.

„Heute ist Flohmarkt“, sagte er.

„Jetzt wird die Geldsau geschlachtet“, lästerten die Spielsachen. „Tom braucht Geld, um sich neues Spielzeug zu kaufen.“

Geschlachtet? Ängstlich wartete das Sparschwein auf den Hammerschlag.

Doch was war das?

Tom griff in das Regal, legte ein Spielzeug nach dem anderen in den Korb und murmelte: „Brauche ich nicht mehr. Das auch nicht. Und dieses hier ist auch überflüssig. Und …"

Am Ende blieben nur noch das Sparschwein, der Teddy, der Plüschelefant, die Kasperlefiguren und drei Blechautos übrig. Der PlastikDino aber lag mit weit aufgerissenen Augen im Korb und blickte recht dämlich drein.

Am Abend kehrte Tom zufrieden vom Flohmarkt zurück. Im Korb lag immer noch der Dino, und er glotzte noch blöder als zuvor.

„Keiner wollte mich kaufen", nuschelte er kleinlaut. Der großmäulige Kerl verstand die Welt nicht mehr und heulte fast: „Ich soll ein Ladenhüter sein, sagt Tom. Ich, der Superdino."

„Die Letzten werden die Ersten sein", kicherte der Teddy.

„Bei Dinos stimmt das Sprichwort aber nicht", lachte das Sparschwein so fröhlich wie schon lange nicht mehr. Noch mehr aber freute es sich, als Tom eine Glaskuh mit Münzschlitz aufs Regal stellte.

„Die ist vom Flohmarkt", erklärte er und warf – klick, klick, klick – sein wohlverdientes Flohmarktgeld in den Bauch der Kuh.

Wie froh war da das Sparschwein! Noch mehr Geldstücke hätte sein Bauch nämlich wirklich nicht mehr vertragen.

Elke Heidenreich

Erika

Ich hatte das ganze Jahr hindurch gearbeitet wie eine Verrückte und fühlte mich kurz vor Weihnachten völlig leer, ausgebrannt und zerschlagen. Es war ein schreckliches Jahr gewesen, obwohl ich sehr viel Geld verdient hatte. Es war, als hätte ich zu leben vergessen. Ich hatte meine Freunde kaum gesehen und war nicht in Urlaub gefahren, meine Mahlzeiten hatte ich irgendwo zwischen Tür und Angel im Stehen eingenommen – Gyros und Krautsalat, ein Stück Pizza, ein paar Tortillas und dazu zwei, drei Margaritas –, oder ich hatte zu Hause ein paar Rühreier aus der Pfanne gegessen, vor dem Fernseher, und an vielen Tagen hatte ich auch gar nichts gegessen und nur Wein, Kaffee und Gin getrunken und war wie ein Stück Blei ins Bett gefallen, ohne die Post zu öffnen oder den Anrufbeantworter abzuhören, traumlos, leblos. Ich hätte gar nicht soviel arbeiten müssen, aber ich stürzte mich in jede neue Aufgabe, um nur ja nicht nachdenken zu müssen über Vaters Tod, über meine Scheidung, über die Krankheit, die sich in mir festfraß und mir unmißverständliche Signale gab, daß ich dieses Tempo nicht mehr lange würde durchhalten können. Ein paar Tage vor Weihnachten – ich war gerade nach Hause gekommen und hatte mich vor Erschöpfung nach einem Sechzehn-Stunden-Tag einfach in Mantel und Stiefeln der Länge nach auf den Teppich gelegt und nur noch ganz flach geatmet – klingelte das Telefon. Normalerweise hebe ich nie ab. Ich lasse den Apparat laufen und höre mit, wer anruft, und meist schüttelt es mich dann vor Entsetzen, wem ich da beinahe durch einen Griff zum Hörer in die Falle gegangen wäre. Aber an diesem Abend nahm ich sofort ab, ohne nachzudenken, es war ein Reflex. Das Telefon stand neben mir auf dem Fußboden, und beim ersten Ton griff ich danach wie nach einem allerletzten Lebenszeichen von da draußen. „Ja!" sagte ich, und ich hätte auch genauso tonlos „Hilfe!" sagen können.

Es war Franz, und er rief mich aus Lugano an. Franz und ich hatten vor Jahren mal eine Weile zusammengelebt, uns dann aber einigermaßen friedlich getrennt und beide geheiratet. Inzwischen waren wir auch beide wieder geschieden, und er lebte in Lugano und ich in Berlin. Die Stadt saugt den letzten Tropfen Lebensblut aus mir, hält mich fest und läßt mich nicht atmen und nicht gehen und zersetzt mich mit ihrer Aggressivität

wie Rost ein altersschwaches Auto. Berlin lockt mich an jeder Ecke zum Saufen, zum Morden, zum Selbstmord.
Franz arbeitete in Lugano bei einem Architekten, und ab und zu schrieben wir uns alberne Karten. Manchmal traf ich seine Mutter, die so gern gesehen hätte, daß wir zusammengeblieben wären und die in Berlin langsam vermoderte, wie so viele alte Leute. Sie erzählte mir dann ein bißchen von ihm, aber Mütter wissen ja nichts von ihren Kindern, und ich erfuhr nur, daß es Franz gutgehe, und er verdiene viel, sie sei allerdings noch nie in Lugano gewesen.
„Hallo, Betty“, sagte Franz am Telefon. Er ist der einzige, der mich Betty nennt. Ich heiße Elisabeth, aber das sagt nur meine Mutter zu mir. Mein Vater nannte mich Lisa, in der Schule hieß ich Elli, und mein Mann hatte Lili zu mir gesagt. Manchmal weiß ich selbst nicht mehr, wie ich eigentlich heiße und nenne mich bei meinem zweiten Namen: Veronika. Nur für Franz war ich Betty gewesen, und ich holte tief Luft, streifte mir die Stiefel von den Füßen und sagte: „Ach, Franz.“
„Hört sich nicht gut an, ach, Franz“, sagte er. „Ist was los?“
„Ich glaube, ich bin tot“, sagte ich. „Kneif mich mal.“

„Dazu müßtest du etwas näher kommen“, sagte Franz, „und das ist es, weshalb ich anrufe.“
Ich machte die Augen zu und dachte an die komische Dachwohnung, in der wir zusammen gewohnt hatten. Franz hatte Bühnenbilder in verkleinertem Maßstab gebaut, und im Szenenbild von „Don Giovanni“ hatten unsere beiden Hamster Kain und Abel gewohnt. Sie waren auf den kleinen Balkönchen erschienen und hatten sich geputzt, und vom Tonband spielten wir dazu Donna Annas Arie aus dem Ende des zweiten Aktes, „or sai chi l'onore rapire a me volse“, und zu der Zeit haben wir furchtbar viel getrunken. Wir arbeiteten auch – er an seinen Bühnenbildern, ich für meine Zeitung, aber wir tranken Gin und Weißwein und Tequila in solchen Mengen, daß ich heute nicht mehr weiß, wie wir überhaupt morgens aus dem Bett kamen, wer all die leeren Flaschen wegbrachte und wann wir eigentlich die Katze versorgten. Einer der beiden Hamster wurde später in dem dicken Lesesessel totgedrückt – er war zwischen Sitzpolster und Lehne gekrochen –, und wir fanden ihn erst, als er zu riechen begann und brauchten – es war bei einem Frühstück – an dem Tag den ersten Gin schon morgens, obwohl im Grunde so eine letzte Regel galt: Wein ab 16 Uhr, Gin ab 20 Uhr und Tequila erst nach zehn. Was soll’s, lange her.

„Warum kommst du nicht über Weihnachten zu mir nach Lugano?“ fragte Franz.
„Warum sollte ich“, sagte ich und freute mich irrsinnig, aber ich ließ meine Stimme ganz unten. „Kannst du ohne mich auf einmal nicht mehr leben?“
„Ich kann wunderbar leben ohne dich“, sagte Franz, „und was glaubst du, wie ich das genießen werde, wenn du nach Neujahr wieder abfährst.“
Ich war noch nie in Lugano gewesen. „Wie ist Lugano“, fragte ich, „gräßlich?“
„Grauenhaft“, sagte Franz. „Alte Häuser mit Palmen davor und mit Glyzinien bewachsen, die so ekelhaft lila blühen, überall Oleander mit diesem scheußlichen Duft und ein gräßlicher See inmitten scheußlicher Berge. Und sie trinken hier diesen widerwärtigen Fendant, bei dem man schon nach vier Flaschen betrunken ist. Überleg's dir.“ – „Versprichst du mir, daß wir uns die ganze Zeit streiten?“ fragte ich, und Franz sagte: „Ehrenwort. Und du darfst auch keinem Menschen erzählen, daß du zu mir fährst, ich könnte dich dann unauffällig erwürgen und in den See schmeißen, gut, was?“
„Fabelhaft“, sagte ich, „aber du vergißt, daß ich schon tot bin. Ich glaube nicht, daß ich es noch bis Lugano schaffe, ich schaff's ja nicht mal mehr bis in die Küche, Franz.“

„Du fliegst“, sagte Franz, „bis Mailand, und dann fährst du eine Stunde mit dem Zug nach Lugano, und ich hol dich ab.“
„Hol mich nicht ab“, sagte ich, „vielleicht hab ich ja Glück und das Flugzeug fällt runter, und dann wartest du umsonst.“
„Gute Idee“, sagte Franz, „ich könnte auch bei Chiasso einen Baumstamm quer über die Schienen legen, dann würde dein Zug entgleisen, was hältst du davon?“
„Großartig“, sagte ich und fing plötzlich an zu weinen, und Franz fragte trocken: „Freitod als willkommene Unterbrechung der Langeweile?“ – „Nein“, sagte ich, „der Erschöpfung, ich möchte vor Erschöpfung aus dem Fenster fallen.“
Ich dachte an unsere Katze, die eines Tages vom Dach gefallen war, einfach so, und wir hatten gedacht, das würde nie passieren. Sie war gewöhnt daran, über die Dächer zu gehen, und von unserm kleinen Balkon aus sah ich sie oft in der Sonne sitzen und sich putzen, hoch neben dem Schornstein, vor der Fernsehantenne, auf der die dicken Tauben gurrten. Eines Tages war sie gerutscht, ins Strudeln gekommen, hatte sich vor Verwirrung nicht mehr halten können und an allen Vorsprüngen und Balkons vorbei einen geraden Sturz in die Tiefe gemacht, fünf Stockwerke, und ich sah sie

bewegungslos unten liegen und war unfähig, ihr nachzulaufen.

Schließlich war Franz die Treppen runtergerannt und lange nicht wiedergekommen. Wir haben nie mehr über die Katze gesprochen, und in dem Jahr lebten wir uns auseinander, wie man wohl so sagt. Wir konnten einfach über nichts mehr ernsthaft reden, wir waren zynisch und ironisch und unehrlich miteinander, und wir litten beide darunter, aber ändern ließ es sich auch nicht mehr.

„Du wirst mich gar nicht mehr erkennen, wenn ich komme“, sagte ich. „Ich bin ganz alt geworden und schlohweiß und potthäßlich.“ Ich zog die Nase tüchtig hoch, stand auf und warf mich in einen Sessel, um Haltung anzunehmen. „Du warst immer schon potthäßlich“, antwortete Franz, „ich wollte es dir nur nie sagen. Ich bin übrigens strahlend schön wie immer.“

„Gut“, sagte ich, „das seh ich mir an, ich komm Heiligabend, falls da was fliegt.“ Ich hatte das Gefühl, er freute sich wirklich und ich wäre irgendwie gerettet.

Ich schloß die Augen und blieb vielleicht noch eine halbe oder eine volle Stunde im Sessel liegen. Ich hörte die Geräusche im Haus, zuklappende Türen, eine Männerstimme, schnelle Schritte, und von der Straße klang Berlins böses Brummen hoch, ein brodelnder

Dauerton wie kurz vor der Explosion eines Kessels, und ich stellte mir Lugano vor wie eine kleine Oase mit roten Dächern in einer Schneekugel.
Am 24. warf ich am frühen Morgen ein paar Pullover und Jeans, meine Brille, meinen Muff, ein bißchen Wäsche, Waschzeug, meine Ballerinas, ein paar feste Schuhe, das alte schwarze Seidenkleid mit dem verblaßten Rosenmuster, ein paar Bücher und meinen Reisewecker in eine Tasche und ging noch mal kurz ins KaDeWe, um elsässischen Senf für Franz zu kaufen. Es gibt dort eine Abteilung mit achtzig oder hundert verschiedenen Sorten Senf, in Gläsern und Tuben und Tontöpfen, scharf und süß und süßsauer, cremig und körnig, hellgelb bis dunkelbraun, und die ganze Perversität des Westens, die ganze unerträgliche Angeberei dieser aufgeblähten, maroden, verlogenen Stadt Berlin fließt für mich zusammen in der Unglaublichkeit dieser Senfabteilung – die Welt steht in Flammen, es ist Krieg, Menschen verhungern und schlachten sich ab, Millionen sind auf der Flucht und haben kein Zuhause, Kinder sterben auf den Straßen, und Berlin wählt unter hundert Sorten Senf, denn nichts ist schlimmer als der falsche Senf auf dem gepflegten Abendbrottisch. Aber ich hätte auch das noch geschafft, ich wäre mit dem Fahrstuhl hochgefahren und hätte für Franz, den Zyni-

ker, Franz, den trostlosen Intellektuellen, Franz, den Spötter mit den tiefen Falten rechts und links der Nase, ich hätte für Franz, mit dem ich so verzweifelte Nächte und so verlogene Tage verbracht habe, den grobkörnigen, dunkelgelben, süßscharfen elsässischen Senf im Tontopf mit Korkverschluß gekauft, wenn ich nicht im Parterre das Schwein gesehen hätte. Erika.

Es sah aus wie ein Mensch, und ich weiß nicht, wieso ich auf „Erika" kam, aber es war wirklich mein erster Gedanke. Das Schwein sah aus wie eine Person, die Erika hieß und aussah wie ein Schwein. Erika war fast lebensgroß, fast so groß wie ein ausgewachsenes Schwein. Sie war aus hellrosa Plüschfell, hatte vier stramme, dunkelrosa Beine, einen dicken Kopf mit leicht geöffneter Schweineschnauze, weichen Ohren und etwa markstückgroßen himmelblauen Glasaugen mit einem unbeschreiblichen Ausdruck – vertrauensvoll, gutmütig, neugierig und mit einer Art gelassener Pfiffigkeit –, die zu sagen schienen: was soll all die Aufregung, nimm es, wie es kommt, sieh mich an, ich bin nur ein rosa Plüschschwein mitten im KaDeWe, aber ich bin ganz sicher, daß das Leben einen wenn auch verborgenen Sinn hat.

Ich zahlte ohne zu zögern 678,– per Kreditkarte für Erika. Meine Reisetasche mußte ich mir über die Schulter hängen, für Erika brauchte ich beide Hände. Sie war erstaunlich leicht, aber enorm dick und samtweich, und sie ließ sich nur tragen, indem ich sie vor meinen Bauch preßte. Ich umschlang sie mit beiden Armen. Sie legte die Vorderpfoten auf meine Schultern und die Hinterbeine rechts und links auf meine Hüften. Ihr Kopf blickte mit den blauen Augen über meine linke Schulter, und die Verkäuferin sagte: „Noch einmal streicheln!" Sie fuhr mit der Hand zwischen die aprikosenfarbenen Ohren, sanft und zärtlich, und dann blieb sie zwischen Teddies, Giraffen und Stoffkatzen zurück, und Erika und ich verließen das Kaufhaus. Die Menschen bildeten eine Gasse und ließen uns durch. Es waren die letzten Stunden vor Ladenschluß, vor Weihnachten, und alle waren gehetzt, erschöpft, entnervt von den Vorbereitungen und voller Angst vor all den Familienkrisen, die für die nächsten Tage in der Luft lagen. Aber wer Erika ansah, mußte lächeln. Ein Penner, der im Eingang stand und sich im abgestandenen Kaufhauswind wärmte, streckte verstohlen eine Hand aus und zog Erika am Hinterbein.

Ich trat auf die Straße und sah mich nach einem Taxi um. „Mein Gott, wie schön, da wird sich das Kind aber freuen!" sagte eine alte Frau und legte ehrfürchtig eine Hand auf Erikas großen weichen Kopf, und ich dachte daran, daß das Kind, auf dessen Gabentisch dieses Schwein landen würde, Franz hieß und achtunddreißig Jahre alt war. Der Taxifahrer sagte kopfschüttelnd: „Für wattie Leute allet Jeld ausjehm“ und starrte Erika mißtrauisch von der Seite an. Ich hatte sie neben ihn auf den Vordersitz geklemmt. Ihre dicken Pfoten lagen auf dem Armaturenbrett, und sie schaute mit ihren blauen Augen in den Berliner Straßenverkehr, der keine Logik und keine Rücksicht erkennen ließ, das war ein Kampf ums Erstersein. Ich saß mit meiner Reisetasche hinten und fühlte, wie mir Erikas breiter Nacken Ruhe und Sicherheit einflößte.

Wenn das Taxi an Ampeln oder im Stau halten mußte, grinsten die Fahrer aus den Nachbarautos zu uns herüber, sie lachten, sie hupten, sie winkten, sie warfen Kußhändchen. Kinder preßten ihre Hände und Nasen an beschlagene Scheiben und wußten, daß das Weihnachtsfest für sie gelaufen war, wenn nicht so ein Schwein unter dem Baum wäre. Die Sache machte nun sogar dem Taxifahrer Spaß.

„Ja, kiekt nur“, knurrte er, „Schweinetransport“, und er genoß das Aufsehen, das er mit seinem Beifahrer erregte. „Watt kostenn sowatt?“ fragte er mich, als ich zahlte und ausstieg, und ich log: „Weiß ich nicht, hab ich zu Weihnachten gekriegt“, weil ich mich schämte, ihm den Preis zu nennen.

Normalerweise wäre meine Reisetasche als Bordgepäck durchgegangen, aber ich durfte nicht beides mitnehmen – Erika und die Tasche –, also gab ich die Tasche auf. Erika paßte in keines der übervollen, schmalen Gepäckfächer, und zum erstenmal wurden wir getrennt. Die Stewardess setzte Erika auf einen freien Platz in der ersten Klasse, schnallte sie an und versicherte mir: „Da geht es ihm gut." – „Ihr", sagte ich, „sie heißt Erika." Die Stewardess sah mich nett und leer an und ging rasch weg, und mir fehlte Erikas weiches Fell, ihr sanfter Blick, und ich geriet fast in Panik, als zum Start der Vorhang zur ersten Klasse zugezogen wurde und ich sie nicht mehr sah. Ich schloß die Augen und dachte an meinen ersten Kinderheimaufenthalt. Nach Borkum war ich geschickt worden, meiner kranken Lungen wegen. Ich war neun Jahre alt, stand am Zugfenster und weinte, und das letzte, was ich von meiner Mutter hörte, war: „Stell dich nicht so an, die anderen Kinder heulen auch nicht." Ja, Mutter, weil immer nur die Kinder weinen, die nicht liebgehabt werden und tief im Herzen spüren, wie sehr die Mütter aufatmen, wenn sie sie wenigstens für vier Wochen mal abschieben können. Ich weinte, weil ich mir nicht mal sicher war, ob sie bei meiner Rückkehr überhaupt noch dasein würde oder ob sie sich in der Zwischenzeit heimlich und für immer aus dem Staub machte. Mein Vater hatte mir einen Teddy mit honiggelbem Pelz und braunen Glasaugen geschenkt. Er hieß Fritz und ich preßte ihn an mein Gesicht und ließ Rotz und Tränen in sein Fell laufen, wie ich es jetzt gern mit Erika gemacht hätte, aber Erika flog erster Klasse. Mir fiel ein, daß ich mich nicht mal von meiner Mutter verabschiedet hatte, ihr auch nicht frohe Weihnachten gewünscht hatte, aber vielleicht würde sie das ja auch gar nicht merken, und außerdem konnte ich sie aus Lugano immer noch anrufen.

In Frankfurt nahm ich Erika wieder in Empfang und preßte sie fest an mich, als ich für den Flug nach Mailand durch die Auslandshalle gehen mußte. Auf den Lederbänken, den Chromstühlen, auf Koffern, auf dem Fußboden, überall saßen und lagen müde Menschen, die auf ihren Weiterflug warteten – Inder mit Turban, verschleierte Frauen, Schwarze in bunten Baumwollgewändern, Japaner im Einheitsanzug, plattköpfige Koreaner, magere alte Amerikanerinnen mit Pelzjäckchen und grotesken Haarfarben und Kinder, Kinder aller Nationen und Altersgruppen, essende Kinder, lesende, weinende, schlafende, Kinder auf Mutters Schoß und auf Vaters Arm, Kinder, die eine Puppe oder ein kleines Köfferchen umklammerten oder die an den großen Scheiben standen und auf die Rollbahn starrten, stumm und traurig, sich von Weihnachten nichts mehr versprechend. Die Luft war warm und abgestanden, die Halle von Lärm erfüllt, niemand sah freundlich, gelassen oder glücklich aus. Das Reisen am

Heiligen Abend strengte alle Gefühle auf das äußerste an, und dann kam Erika.
Ich hatte mir ihren Rücken vor den Busen gepreßt, so daß sie den Leuten ihren hellrosa Bauch zeigte und die vier stämmigen Beine in die Luft streckte. Mit ihren freundlichen blauen Glasaugen veränderte Erika in ein paar Sekunden den ganzen Raum. Der Geräuschpegel wurde raunend sanft, Gelächter war zu hören. Die Kinder standen auf, wurden von den Eltern angestoßen, geweckt, Köpfe drehten sich um, ein paar Kinder kamen angelaufen. Zaghaftes Lächeln wurde zu breitem Lachen, in die Luft kam Bewegung, und in allen Sprachen der Welt, die ich nicht verstand, sagten kleine Jungen und Mädchen dasselbe: Oh, darf ich es anfassen? Ich nickte. Erikas Pfoten wurden gedrückt, ihr Ringelschwänzchen vorsichtig aufgerollt, ihre Ohren gekrault. Ein dunkler Junge tupfte sacht auf eines der blauen Glasaugen, und ein kleines schwarzes Mädchen mit zahllosen Perlenzöpfchen küßte Erika mitten auf die Schnauze und rannte dann schnell hinter den schützenden Rücken seiner Mutter.
Hätte ich mich in diesen Raum gestellt und zu diesen Menschen von Sanftheit und Liebe, von Harmonie und Sehnsucht, von Weihnachten, von Erlösung und Versöhnung gesprochen – niemand hätte mir zugehört.

Eine peinliche Figur wäre ich gewesen, und der Wachmann hätte mich beim Arm genommen und gesagt: „Darf ich Sie zu Ihrem Flugzeug bringen?" oder: „Jetzt trinken Sie erst mal eine Tasse Kaffee." Erika schaffte die Verzauberung durch ihre bloße Anwesenheit. Ein Schwein von solcher Größe, mit einem so milden Blick und einer derart weichen Anfaßfläche vermittelte mehr Frieden auf Erden und den Menschen ein Wohlgefallen, als die Prediger aller Mitternachtsmessen das würden schaffen können. Nehmt das geschundene, verkitschte, blondgelockte Jesuskind aus den Krippen und legt ein lebendgroßes Schwein mit rosa Fell und flehenden Glasäuglein unter den Weihnachtsbaum, und ihr werdet ein Wunder erleben!
Die letzte Maschine nach Mailand war klein, fast gemütlich, nicht ausgebucht. Erika konnte neben mir sitzen und wurde von Captain Travella und seiner Crew als *sorpresa speciale* an Bord herzlich begrüßt. Ein Gast *molto strano, però simpatico,* und die fünfzehn, zwanzig Fluggäste applaudierten.
Allmählich geriet ich in eine fast ausgelassene Stimmung. In nur wenigen Stunden hatte Erika mein Leben bereits verändert, das heißt, mein Leben mit Erika war anders abgelaufen, als es das ohne Erika getan hätte: Ich hatte mit wildfremden Menschen gesprochen,

sogar mit dem Taxifahrer, Leute hatten mich angestrahlt und ich hatte zurückgelacht, und überall da, wo Erika und ich aufgetaucht waren, hatten wir die Stimmung und die Gesichter der Menschen für einen Augenblick aufgehellt.
Ich bestellte mir einen Rotwein und auch einen für Erika, der kommentarlos freundlich geliefert und serviert wurde. Wir flogen über die Alpen, und ich lehnte meinen Kopf an Erikas Schulter, fühlte mich wohl und wäre gern immer so weitergeflogen, um die Welt.
In Mailand streikten die Angestellten des Flughafens. Keine Treppe wurde an das Flugzeug gefahren, kein Bus kam auf das Rollfeld, um uns zu holen, wir mußten das Flugzeug über eine Rutsche verlassen. Als ich an der Reihe war, überlegte ich, ob ich zuerst rutschen und Erika solange einem andern Passagier oben anvertrauen sollte, oder ob ich Erika mit dem Ruf: „Erika, ich komme!“ nach unten schicken und sofort nachkommen sollte. Die Entscheidung wurde mir durch die weitgeöffneten Arme bereits unten stehender Passagiere abgenommen: „Avanti!“ riefen sie, und: „Vieni, bella!“, und sie meinten Erika, die auf ihrem runden Rücken nach unten rollte und in die geöffneten Arme fiel, gedrückt, geküßt und gelobt wurde: „Brava, brava!“ Ich rutschte nach und nahm sie eifersüchtig in

Empfang, ganz stolze Mutter eines vielbeachteten Kindes. Wir mußten unsere Koffer selbst aus dem Bauch des Flugzeugs holen und dann den langen Weg übers Rollfeld zum Zollgebäude zu Fuß gehen. Die Passagiere halfen sich gegenseitig mit ihren schweren Gepäckstücken. Erika hatte eine milde Laune über all die gegossen, die sonst nur daran dachten, selbst so gut und so rasch wie möglich klarzukommen. Ein Schwein weilte unter uns und sorgte für samtene Heiterkeit am Vorweihnachtsabend. Ich bildete ein Paar mit einem großen Schwarzen, der sich zu seinem Koffer noch meine Reisetasche über die Schulter hängte und mir dafür sein kleines Aktenköfferchen zu tragen gab, aber in der Mitte zwischen uns schwebte Erika – er hielt ihre linke, ich die rechte Pfote –, und so gingen wir über den dunkelnassen Asphalt, von allen beneidet, denn mit Erika wäre jeder gern gegangen, aber er war der Entschlossenste gewesen. Ich hatte sofort Lust, für den Rest des Lebens mit diesem Schwarzen zusammenzubleiben, Erika in der Mitte, aber er erzählte mir, daß er Mr. Wilson heiße und Weihnachten bei seiner Schwester in Mailand verbringe, ohne seine Familie in Cleveland, Ohio. „A wonderful present“, sagte er über Erika, und ich erschrak bei dem Gedanken, sie verschenken zu müssen.

Die italienischen Zollbeamten winkten mich auf die Seite. Mr. Wilson verabschiedete sich mit Bedauern und händigte mir meine Reisetasche aus, aber die Tasche fand wenig Interesse bei den Zöllnern. Sie piekten mit den Fingern ins Schwein, rochen daran, drehten es um, versuchten, ob es klapperte, und Nando mußte kommen und Luigi, Michele, Danilo und Sergio, und jeder mußte Erika anfassen, begutachten, hochheben. Als sie in den Röntgenkasten geschoben werden sollte, protestierte nicht nur ich. Die Passagiere empörten sich mit mir: so ein Unsinn, ein Schwein, ein Weihnachtsgeschenk für ein Kind, nun solle man nicht päpstlicher sein als der Papst … Schließlich holte der, den sie Danilo nannten, einen alten, schlechtgelaunten Schäferhund, der mit seiner nassen Nase auf Erika herumschnüffelte und die Drogen bei ihr suchte, nach denen man ihn süchtig gemacht hatte. Sein Interesse an Erika war so gering, daß wir endlich die Sperre passieren konnten. Mr. Wilson, in Begleitung seiner Schwester, hatte auf uns gewartet und schien erleichtert. Er zeigte auf uns, die Schwester führte die Hand zum Mund und lachte. Wir winkten uns zu, und dann verschwand er und ich suchte den Bus zum Bahnhof.
Der Busfahrer rauchte, trotz der überall angebrachten Schilder „Vietato fumare". Wir fuhren durch Straßen

mit hohen, alten Häusern, die Schaufenster waren weihnachtlich geschmückt, und bunte Lichterketten flimmerten in den kahlen Bäumen der Vorgärten. Der Bus soff dreimal ab und blieb mitten auf der Straße stehen – dann fluchte der Fahrer, stieg aus, trat irgendwo dagegen, kam wieder herein, betätigte alle möglichen Hebel und es ging wieder weiter. „L'intelligenza si misura col metro" stand auf einer Wand, und ich überlegte, ob das bedeutete, daß die Intelligenz Metro fährt oder daß sich die Intelligenz mit dem Metermaß messen ließ – mein Italienisch war für solche Feinheiten nicht gut genug. Ich hatte meine Tasche ins Gepäcknetz gelegt und hielt Erika auf dem Schoß. Ein Nordafrikaner saß müde und knurrig neben mir und sah aus dem Fenster auf all den Dreck und den Verkehr, aber ich merkte, wie er mit der einen Hand einmal kurz über Erikas dicken Hintern strich. Alle anderen Fahrgäste sahen natürlich immer wieder zu uns herüber, und jeder reagierte auf seine Weise, mit Lächeln, hochgezogenen Augenbrauen, begeistertem Kopfnicken. Ich las in einer Zeitschrift, die ich aus dem Flugzeug mitgenommen hatte. In einem Artikel über Venedig stand: „Quando sulla laguna piove zucchero, la città dei Dogi aumenta il suo incantesimo", und in englisch übersetzt stand platt daneben: „When it's raining sugar on the lagoon, the city of the doges is an enchantment.“ Ich stellte mir vor, wie ich mit Erika in Venedig wäre und wir würden zusammen Gondel fahren auf den schwarzen Kanälen, und auf den Brücken würden die Menschen stehenbleiben und dem blitzrosa Schwein auf ihren dreckigen Wassern zuwinken. Ich wurde müde und schlief an Erikas rosa Rücken fast ein, aber wir kamen am Bahnhof an, und ich mußte aussteigen.

Der Mailänder Bahnhof ist groß und hoch und sehr alt und schön, mit würdigen Fenstern, geschnitztem Holz und prächtigen, fast jugendstilartigen Verzierungen. Wie auf jedem Großstadtbahnhof gab es auch hier ein Menschengewimmel, so daß man ständig geschubst und gestoßen wurde, wenn man nicht aufpaßte, aber ich hatte eine Gasse, durch die ich gehen konnte. Erika sah mir mit blauen Glasaugen den Weg frei, und ich ging wie das Volk Israel durchs Rote Meer durch diesen überfüllten Weihnachtsbahnhof, und hinter mir schlossen sich die Wogen wieder.

Mein Zug war brechend voll. Kein Speisewagen, keine Möglichkeit zu entkommen, ich mußte auf dem Gang stehen und mir meine Tasche zwischen die Beine klemmen. Aus dem Sechsmannabteil winkte jemand: Geben Sie mir nur Ihr Schwein, ich halte es! Erika landete auf dem Schoß einer alten Frau, die alles ausgiebig betastete und beschnüffelte, und dann wanderte sie weiter von Schoß zu Schoß, von Arm zu Arm, eifersüchtig und misstrauisch von mir bewacht. Ich bin jemand, der von Kristalllüstern in Hotels immer ein paar geschliffene Glasanhänger stiehlt, und mit hellwachen Sinnen paßte ich auf, daß sich keiner an Erikas blauen Augen zu schaffen machte, ich kannte die Bosheit der Menschen, mir mußte man nichts erzählen!

Ich erinnerte mich daran, wie ich an meinem Geburtstag mal mit Franz in einem sehr eleganten Lokal zum Essen war. Sie hatten ausnehmend schöne Weingläser mit einem eingeschliffenen Sternchenmuster, und ich wollte so gern eins haben. Franz nahm eins vom Tisch, winkte dem Ober und fragte: „Wir haben leider ein Glas zerbrochen, was sind wir schuldig?“ – „Oh, nichts, das kann passieren“, sagte der Ober natürlich, und Franz grinste und steckte das Glas ganz offiziell in meine Handtasche.

Der Zug fuhr durch eine trostlose Industrielandschaft mit zerbröckelnden Mietskasernen für die Arbeiter der Auto-, Amaretto- und Möbelwerke. Auf vielen Balkons die bunten Lichterketten, die nach Karneval aussehen, in Italien aber zu Weihnachten gehören. Blinkende Lichterketten in Palmen und Oleanderbüschen und magere Katzen in vertrockneten Vorgärten. Ich wurde plötzlich so traurig, fühlte mich so verlassen, so kläglich, so erschlagen von der Armut und dem Dreck der Welt, daß ich mit einer harschen Gebärde Erika zurückverlangte und mein Gesicht in ihren dicken weichen Nacken preßte. Die Weihnachten meiner Kindheit fielen mir ein, die keine Weihnachten waren, weil meine Mutter mit Kirche und Christentum nichts zu tun haben wollte und also auch kirchliche Feiertage nicht akzeptierte. Weihnachten fand einfach nicht statt, es gab weder einen Baum noch Geschenke, und für ein Kind ist das nicht leicht zu verstehen. Ich saß im Wohnzimmer am Fenster, sah überall in der Straße die Christbäume aufleuchten und schluckte die Tränen hinunter. Franz und ich hatten uns immer einen Baum geschmückt, mit lauter verrückten Utensilien wie Küchensieben, Gabeln, Korkenziehern, aber doch mit Kerzen, und Geschenke gab es auch, und dann beleuchteten wir das Bühnenbild zu „Don Giovanni", in dem aus Fahrradbirnchen zusammengeleimte Kronleuchter hingen, hörten die Ouvertüre und versteckten Futter für Kain und Abel auf den Balkonen. Was würden Franz und ich, wir beiden Einsamen, heute abend tun? Er hatte vielleicht etwas gekocht, und ich hatte Erika für ihn. Ob wir es schaffen würden, die zynischen

Witze mal für einen Abend wegzulassen? Ob wir wirklich miteinander reden konnten, über alles, was schiefgegangen war und über Pläne und Hoffnungen? Ob ich würde sagen können: Mein Vater ist tot, ich bin so traurig und verlassen, ob ich würde sagen können: Ich bin krank, ich muß operiert werden, und ich fürchte mich so? Und würde er mir erzählen von seiner Arbeit und warum er dafür so weit geflüchtet war? Hatte er keine Freundin? Im Leben von Franz gab es immer Frauen, sogar als er mit mir noch zusammen war, aber ich bin nicht von der eifersüchtigen Sorte – ich kann einfach keine Szenen machen, zumal ich das Gefühl kenne, sich in jemanden zu verlieben, und sei es nur für einen Abend. Was war schon dabei in einem so kurzen und endgültigen Leben. Ich fürchtete mich plötzlich vor den scharfen Falten im Gesicht von Franz, vor seinem scharfen Verstand und seinem scharfen Blick auf mich. Als der Zug nach längerem Halt und einer Zollkontrolle – Erika wurde abermals sehr ausgiebig betastet und überprüft – von Chiasso aus weiterfuhr, nächster Halt Lugano, brach mir der Schweiß aus. Ich müßte mich von Erika trennen, für Franz, der sie vielleicht gar nicht schätzen würde. Ich müßte neben Franz im Bett liegen heute abend, und auf einmal erinnerte ich mich daran, wie verbissen und fast gewalttätig Sex in den damals letzten Wochen zwischen uns gewesen war. Wir wußten, daß wir uns trennen würden, und es war, als wollten wir vorher versuchen, uns gegenseitig zu zerstören. Am Ende waren wir matt und sanft gewesen und friedlich auseinandergegangen, aber die Wochen davor hatte jeder versucht, den anderen zu zerbrechen.

Ich konnte Franz nicht wiedersehen. Ich konnte nicht, ich wollte nicht, es war aus zwischen uns, und nach all den Jahren waren wir auch keine Freunde mehr. O Gott, ich hätte nicht herfahren sollen, diese weite Reise, am Heiligabend, nun stand ich in diesem überfüllten Zug und fuhr in eine Stadt, die ich nicht kannte, zu einem Mann, mit dem ich fertig war und dessen Ironie ich in meinem desolaten Zustand nicht würde ertragen können. Und Erika – um keinen Preis würde ich Erika hergeben, schon gar nicht an Franz.

Als der Zug in Lugano hielt, sah ich ihn sofort. Er stand unter einer Lampe, in einem eleganten Mantel, und rauchte. Seine Augen waren zusammengekniffen und sein Gesicht schien mir noch schmaler als früher. Ich spürte eine vertraute Zärtlichkeit für ihn, den ich so gut kannte, aber gleichzeitig eine würgende Angst, ihm gegenüberzutreten, von ihm umarmt zu werden, ihn zu küssen. Ich blieb stehen, mein Gesicht in Erikas

Fell gepreßt, und ließ die Reisenden an mir vorbei aussteigen. Das Abteil wurde fast leer. Franz schlenderte über den Bahnsteig, suchend, er kam auch an meinem Fenster vorbei, sah flüchtig hoch, beobachtete aber sofort wieder den Bahnsteig, die Hände tief in den Taschen, die Zigarette im Mundwinkel. Franz! dachte ich, weißt du noch, früher haben wir immer behauptet, daß Liebende ihre gegenseitige Nähe spüren, sie fühlen, wenn der andere ins Lokal tritt, und drehen sich im rechten Augenblick um – das war in unserer allerersten Zeit, als wir noch so glücklich miteinander waren. In einem Lokal haben wir uns kennengelernt, ich war an Wochenenden Aushilfskellnerin, um mein letztes Semester zu finanzieren, und du kamst an einen Tisch und studiertest so lange die Karte, daß ich schließlich auf dich zugegangen bin und gesagt habe: „Ich bin Lisa mit der Empfehlung des Tages, Hände weg vom Käsekuchen, der ist von letzter Woche, aber den Apfelkuchen kann ich nur empfehlen." Du sahst mich verblüfft an und sagtest schlagartig: „Gut, dann nehme ich den Käsekuchen." Wir mußten beide lachen und du sagtest: „Das ist aber ein klasse Trick, um die Reste loszuwerden", und ich sagte: „Der ist nicht von mir, er ist aus irgendeinem Film, aber er gefällt mir so gut." – „Du gefällst mir auch gut", sagtest du, und an dem Abend lag ich schon in deinem Bett – mit uns war immer alles ganz schnell und unkompliziert gegangen. Und genauso schnell entschied ich mich jetzt, aus diesem Zug nicht auszusteigen. Ich wollte Franz nicht wiedersehen. Ich wollte nicht, nur weil es uns beiden schlechtging, eine alte Geschichte wieder aufwärmen. Ich wollte mich von Erika nicht trennen, und der Zug fuhr weiter, rollte aus dem Bahnhof von Lugano durch einen langen, finsteren Tunnel, und ich dachte: „Frohe Weihnachten."

Ich stellte mir vor, wie Franz jetzt verblüfft zurückbleiben und in der Bahnhofsgaststätte einen Espresso trinken würde. Dann würde er vielleicht nach Mailand telefonieren, ob das Flugzeug pünktlich angekommen sei, er würde noch einen Zug abwarten und vielleicht noch einen, und schließlich würde er in seine elegante Wohnung über dem See zurückfahren und auf einen Anruf oder ein Telegramm warten, sein Roastbeef endlich allein essen, seinen Fendant dazu trinken und fluchend aus dem Fenster sehen und denken: „Das gibt's doch nicht, daß die kleine Betty mich so linkt."

Ich wußte nicht, was aus mir werden sollte. Ich wußte nicht, wie weit ich fahren, wo ich übernachten würde, aber ich hatte Erika und einen Platz im leergewordenen Abteil, auf den ich mich mit ihr setzte. Der Zug fuhr durch kleine Bahnhöfe, ohne zu halten: Taverne-Torricella, Mezzovico, Rivera-Bironico. Die Orte sahen sauber und adrett aus, hier war man in der Schweiz und nicht mehr in italienischem Durcheinander. In welcher faden Pension, in welchem Ort würde ich landen? Ich war in Berlin mal an einem verzweiflungsvollen Nachmittag ins Kino gegangen, ohne aufs Plakat zu schauen, ohne zu wissen, welcher Film lief. Es hätte schiefgehen können, aber es ging gut, und ich war in eine wunderbare Komödie mit dem dummen Titel „Ein Haar in der Suppe" geraten, hinter dem sich ein witziger und gutgemachter Film über Studenten und Künstler in Greenwich-Village verbarg. Vielleicht, dachte ich, hält der Zug in einem zauberhaften Ort, und ich steige aus und mache mein Glück, es ist alles drin. Und ich bereute keinen Augenblick, Franz auf dem Bahnhof stehengelassen zu haben. Franz war schon eine Million Lichtjahre weit weg, und außerdem konnte man wahrscheinlich von überall nach Zürich weiterfahren und von dort aus noch nach Hause fliegen.

Der Zug fuhr jetzt langsamer. Links sah man in einem Tal eine Industrieansiedlung, rechts lagen schöne alte Villen unter hohen Zedern an einem Hügel. Ein Kastell wurde sichtbar und ein ehrwürdiges Gebäude mit der Inschrift „Istituto Santa Maria", wahrscheinlich etwas

für höhere Töchter, und dann hielt der Zug kurz nach 19 Uhr in Bellinzona. Ich stieg aus und stand mit Erika auf einem fast leeren Bahnsteig. Es war kalt, und vor mir versuchte eine Taube, einen Krümel aufzupicken, aber es gelang ihr nicht, denn ihr Schnabel war mit Kaugummi verklebt. Ich verließ den Bahnhof und sah direkt gegenüber ein riesiges, rosafarbenes Hotel, *Albergo internazionale*. Alle Fenster waren geschlossen, und an der Tür hing ein Schild: *chiuso*. Ich schulterte meine Tasche, preßte Erika an mich und ging die Straße am Bahnhof hinunter, die aussah wie fast alle Straßen an fast allen Bahnhöfen – Boutiquen, Kaufhäuser, Jeans-Shops, Reisebüros, Armbanduhren, Tabak und Zeitschriften. Ich sah in alle Nebenstraßen hinein, und bei der dritten hatte ich Glück: *Pensione Montalbina*.
An der Tür war ein Schild: *chiuso*, aber im Parterre war hinter vorgezogenen Gardinen Licht zu sehen. Ich mußte es versuchen. Ich war sicher, daß Erika mir die Türen öffnen würde. Das Jesuskind, dessen Existenz meine Mutter so gründlich bezweifelte, wurde am Heiligabend nirgends eingelassen, aber einem Plüschschwein würde man sich doch nicht verschließen können!
Eine Gardine wurde vorsichtig zurückgeschoben, und hinter der Scheibe erschien ein dicker roter Männer-

kopf. Mit kreisrunden Augen schaute er auf mich und winkte mit dem Zeigefinger ab. „Chiuso!“ formte sein kleines fettes Mündchen, aber ich sah ihn flehend an und hielt Erika hoch. Er starrte auf Erika, und die Gardine wurde wieder vorgezogen. Innen hörte ich ihn schlurfen, und nach langem umständlichem Genestel wurde schließlich die Tür geöffnet. Vor mir stand ein Mann, nicht viel größer als ich, aber unermeßlich dick. Der runde Kopf saß ihm halslos auf den Schultern, seine Füße hatte er sicher seit Jahren nicht sehen können unter dem mächtigen Bauch, und die feisten Arme ruderten mit abwehrender Geste rechts und links neben dem Körper. „Chiuso“, sagte er, geschlossen, niemand da, und staunte Erika an. „Was ist das denn?“ fragte er, und ich sagte: „Das ist ein Schwein, und wir suchen ein Zimmer für eine Nacht und ein Abendessen.“ – „Ein Schwein“, murmelte er, „un maiale!“ und streckte die Hand aus, um Erika vorsichtig zu streicheln. „Es heißt Erika“, sagte ich kühn, und der Dicke nickte ehrfürchtig und murmelte, als sei das die selbstverständlichste Sache der Welt: „Erika.“ – „Bitte, lassen Sie uns rein“, sagte ich, „mich und Erika. Wir wissen nicht, wohin wir sollen“, und ich zeigte ihm auch vorsichtshalber, daß ich Geld hatte, um ein Zimmer zu bezahlen.

Er schüttelte den Kopf, aber eher ratlos und verzweifelt als wirklich abweisend. „Es geht nicht", sagte er, „die Pension ist bis 15. Januar geschlossen, und ich bin nur der Koch. Es ist niemand da." – „Bitte!" sagte ich, und ich wußte selbst nicht, warum ich so hartnäckig war. Ich hätte ja auch einfach zum Bahnhof zurückgehen und nach Zürich fahren können, aber ich war müde und fror, und dieser Dicke flößte mir Vertrauen ein, nachdem ich den ganzen Tag mit der dicken weichen Erika so glücklich gewesen war. Ich wollte meinen Abend mit einem fetten Koch und einem runden Schwein verbringen.
Der Mann starrte mich lange an, und Kämpfe spielten sich in seinem Innern ab, man konnte es auf seinem Gesicht lesen. Die Stirn lag in qualvollen Falten, das Mündchen spitzte sich und stieß kleine Laute aus, die Nase bebte, und die Kugelaugen weiteten sich immer mehr. Seine Gesichtsfarbe ging von Rosa in ein dunkles Rot über, und die Ohren schienen violett, und endlich hob er die Arme, legte den Kopf schief, stieß mit dem Fuß die Tür etwas weiter auf und ließ mich eintreten. Er schloß hinter mir ab, und da stand ich nun in einem dunklen Flur, Erika im Arm, und wartete, was in diesem Jahr aus Weihnachten noch werden würde.

Der Dicke tänzelte auf zierlichen Füßen vor mir her und öffnete die Tür zu einer erstaunlich großen Küche, in der ein Kaminfeuer brannte. Ein großer Herd war an der einen Seite, umgeben von Regalen mit Gerätschaften, und an der anderen Seite stand ein riesiger gescheuerter Holztisch mit einer Bank und ein paar Stühlen. Auf dem Tisch standen ein Teller mit Salami, eine Flasche Wein und ein Kofferradio, aus dem Riccardo Cocciante sang. Der Dicke wies mir mit der Hand einen Platz am Tisch an und stand unschlüssig herum. Ich setzte mich und platzierte Erika neben mich, die ihre Pfoten brav auf die Tischplatte legte. Der Dicke konnte sich nicht satt sehen. „Erika", sagte er wieder, und: „mai visto un maiale così grande, noch nie habe ich ein so großes Schwein gesehen."
Er nahm seinen Teller, der fast leer gegessen war, und steckte sich die letzten Salamischeiben in den Mund. „Jetzt kochen wir richtig", sagte er und band sich eine Schürze um. Er setzte einen Topf mit Wasser auf und holte Nudeln aus dem Schrank. In einer Pfanne rührte er eine Sauce an, auf einem Brett hackte er frische Kräuter, vor seiner Brust schnitt er ein großes Weißbrot in Scheiben. Er arbeitete stumm, rasch und sicher, und es schien, als hätte er mich vergessen. Nur auf Erika warf er ab und zu einen Blick und murmelte

ihren Namen. Mitten in seiner Arbeit stellte er mir ein Glas hin und schob mir die Weinflasche zu. Ich goß mir und auch ihm ein und hielt mein Glas hoch. „Salute“, sagte ich, und er drehte sich vom Herd um und sah mich an. Er lächelte und zeigte kleine weiße Zähne. Er nahm sein Glas, stieß mit mir an und sagte: „Franco.“ – „Veronika“, sagte ich, und er wiederholte: „Veronika … e Erika.“
Ich streckte meine Beine aus, genoß die Wärme und schloß die Augen. Ich hörte Franco hantieren und die Spaghetti abgießen, im Radio sang jetzt Francesco de Gregori das Lied vom kleinen Italiener, der auf einem großen Schiff nach Amerika fährt. Aber er sieht nichts von Amerika, denn er ist Heizer und muß immer unten im Bauch des Schiffes bleiben, *in questa nave nera sul'quest'Attlantico cattivo.* Ich fühlte mich wohl und geborgen und dachte: „Adieu, Franz. Ciao, Franco.“ Franco stellte einen Teller mit einer Gabel vor mich hin. Er brachte dampfende Schüsseln und fragte: „Lei non mangi?“ Sie ißt nicht? und zeigte auf Erika. Nein, sagte ich, aber ich hätte einen Riesenhunger, und wir fingen an zu essen. „Danke, Franco“, sagte ich und legte einen Augenblick meine Hand auf seine, als wären wir alte Freunde. Er war verlegen und konnte mich nicht ansehen. Erika saß zwischen uns – Franco am Kopfende des

großen Tisches, dann Erika links an der Seite, dann ich, und wir schoben die Weinflasche vor Erika hin und her, bis sie fast leer war und Franco eine zweite holte. Er sprach ein bißchen Touristendeutsch, und ich radebrechte italienisch, und so versuchten wir, uns gegenseitig zu erklären, was uns ausgerechnet Heiligabend in diese Küche verschlagen hatte. Ich log etwas von auf der Durchfahrt, Flugzeug verpaßt, und er erzählte von Herrschaften, die in Urlaub waren. Er dürfe hier wohnen, weil er nicht nach Hause wolle. Ich fragte ihn, warum nicht – ob er Familie hätte, wo er wohne, und nach einer langen Pause mit stockenden Anfängen kam dann schließlich Francos traurige Geschichte heraus – daß er vom Dorf sei, nicht hier aus der Schweiz, sondern aus Cusino, drüben in Italien, und jeden Tag fahre er als Koch hin und her, denn er habe eine Frau und eine Tochter. Und die Frau hatte ihn verlassen, gerade jetzt vor Weihnachten war sie zu einem Friseur nach Locarno gezogen, mit dem Kind, und allein hielt er es zu Hause nicht aus. Er sah Erika verzweifelt an und rief: „Meine Frau war auch so dick, und ganz rosa, so eine schöne zarte Haut!“ und streckte die Hand aus und streichelte Erika, und Tränen kamen ihm in die Augen. Ich erzählte, daß ich geschieden sei und ganz allein lebte, und daß ich jemanden in Lugano besuchen wollte und dann einfach weitergefahren wäre, und ob wir nicht diesen Abend zusammen hierbleiben könnten?

„Sisi", rief er, jaja, und holte eine Flasche Grappa und zwei Gläser. „Sie ist einfach weggefahren mit ihm", schluchzte er, „was will sie denn mit einem Friseur, der kann ja nicht mal richtig für sie kochen!" Er holte Tiramisu aus dem Kühlschrank und machte uns in großen Tassen Cappuccino. Die zweite Flasche Wein war leer, und der Grappa floß auch gut weg. Ich legte den Kopf auf den Tisch und drehte am Radio. Ich fand das Weihnachtsoratorium und drehte es laut auf: „Bereite dich, Zion, mit herrlichen Chören, den Schönsten, den Liebsten bald bei dir zu sehen", sang ich mit, denn ich war als Kind in einem Bach-Chor gewesen und konnte alle Oratorien singen. Franco wischte sich mit der Schürze die Tränen ab, putzte seine Nase und nahm Erika auf den Schoß. „So weich war sie!" rief er, „so weich, und ich habe sie immer gut behandelt. Mit einem Friseur!" Und er fing wieder an zu weinen und drückte sein Gesicht zwischen Erikas Ohren. Jauchzet, frohlocket. Ich wurde so müde und rückte meinen Stuhl näher ans Feuer. Mein Grappaglas nahm ich mit und schaute in die Flammen, die loderten und knisterten, und ich hätte gern einen Tannenzweig verbrannt, damit es nach Weihnachten gerochen hätte. „Scheißweihnachten", sagte ich und legte noch ein Stück Holz nach, und Franco sagte: „Erika“, und der Kopf fiel ihm herunter. Als ich aufwachte, war es gegen Morgen und das Feuer war ausgegangen. Steif geworden hing ich in meinem Stuhl, das Grappaglas lag in Scherben auf dem Boden. Tageslicht drang durch die Vorhänge, und quer über dem Tisch lag der dicke Franco, den Kopf auf Erika gebettet, und schlief.

Ich stand sehr leise auf, nahm meine Tasche und ging, ohne ein Geräusch zu machen. Der Schlüssel steckte in der Haustür, die ich hinter mir zuzog. Die Straße lag still und leer da, ich sah zur *Pensione Montalbina* hoch und dachte: „Alles Gute, Erika, tröste ihn, du kannst es!“ und ging zum Bahnhof. Zu Hause in Berlin fand ich ein Telegramm von Franz: „Was ist los, verdammt?“, und ich telegraphierte zurück: „Nichts. Adieu“ und rief meine Mutter an, die noch gar nicht gemerkt hatte, daß ich weggewesen war und daß erster Weihnachtstag war.

Leo N. Tolstoi

Das Hemd des Glücklichen

Ein König war krank und ließ im Lande verkündigen, er wolle die Hälfte seines Reiches demjenigen schenken, der ihn wieder heile. Da versammelten sich alle weisen Männer und berieten, wie sie dem König helfen könnten. Doch keiner wusste ein Mittel zu nennen. Nur einer meinte: „Wenn man einen Menschen fände, der vollkommen glücklich ist, diesem das Hemd auszöge und es den König anziehen ließe, so würde der Kranke genesen." Sogleich wurden Boten geschickt, einen solchen Glücklichen zu suchen. Allen voran machte sich der Sohn des Königs auf ins Land. Aber sie konnten keinen Menschen finden, der nicht mit seinem Schicksal haderte: War einer reich, so litt er an Krankheit und Schmerzen. War einer gesund, so drückten ihn Armut und Not. Oder ein anderer war gesund und hatte Geld, aber zu Hause eine böse Frau, die keifte, und ungeratene Kinder, die ihm Sorge bereiteten. Kurz, jeder klagte über sein Los und schalt es ungerecht. Eines Abends aber ging der Sohn des Königs an einer Hütte vorbei und hörte drinnen einen Menschen zu sich selbst sagen: „Nun hab ich meine Arbeit getan, hab mich satt gegessen und satt getrunken und gehe schlafen – was fehlt mir noch? Ich bin der glücklichste Mensch!“ Wie der Prinz diese Worte vernahm, ward er voll großer Freude und wollte das Hemd des Glücklichen für seinen Vater haben. Dem Armen sollte man Geld geben, so viel er nur haben wollte. Die Diener des Königs kamen zu dem Glücklichen und wollten ihm das Hemd ausziehen, allein – o seltsame Fügung – der Glückliche war so arm, dass er nicht einmal ein Hemd am Leibe hatte.

Diethelm Reiner Kaminski

Was uns glücklich macht

Jedes Mal, wenn Göntje, Freya und Ulrike zusammensaßen und diskutierten, landeten sie unweigerlich bei ihrem Lieblingsthema „Was ist Glück?“. Sie tauschten die immer gleichen Meinungen, Vermutungen und Behauptungen aus, die sie schon Hunderte Male bestritten, bestätigt oder widerlegt hatten. Eigentlich war dem ausgelutschten Thema kein neuer Aspekt mehr abzugewinnen, und dennoch zog es sie magisch an, als ob sie das Glück, das noch keine von ihnen wirklich errungen zu haben glaubte, durch Worte herbeizaubern könnten.

„Glück ist immateriell, es kommt von innen, es hängt nicht davon ab, was du hast und wer du bist“, vertrat Freya ihre Position, der Ulrike heftig widersprach. „Dich möchte ich mal sehen ohne all die Annehmlichkeiten, die dir dein Mann als erfolgreicher Unternehmer bietet. Todunglücklich wärst du, wenn du von Hartz IV leben müsstest.“

„Woher willst du das wissen? Jeder ist seines Glückes Schmied, du hättest ja auch einen reichen Mann heiraten können. Aber abhängig bin ich ganz und gar nicht von solchen Äußerlichkeiten, auch wenn ihr mir das nicht glaubt", grollte sie, während sie nervös mit ihrem schweren Goldreif spielte. „Ich war vor meiner Ehe glücklicher als jetzt, weil ich weniger vom Eigentlichen abgelenkt wurde."

„Warum streiten wir uns eigentlich?", schaltete sich Göntje ein. „Ich kann euch verraten, was uns wirklich glücklich macht: kein Reichtum, keine Schokolade, auch nicht Yoga und Meditation, kein noch so spannendes Buch, nicht einmal eine neue Liebe, sondern ..."

Die beiden anderen schauten verblüfft und riefen: „Sondern ...?"

„Da soll erst mal einer drauf kommen. Das Glück liegt eben viel näher, als wir denken. Eine wissenschaftliche Studie hat das zweifelsfrei herausgefunden. Ich hab es an mir selbst ausprobiert und festgestellt: Es stimmt."

„Was denn nun?"

„Und es kostet nicht mal was. Das bisschen Seife kann man ja nicht rechnen", steigerte Göntje die Neugier der Freundinnen.

„Nun sag schon, oder möchtest du das Geheimnis des Glücks für dich behalten?"

„Hän-de-wa-schen", ließ Göntje endlich die Katze aus dem Sack und betonte jede Silbe des Zaubermittels.

„Händewaschen macht glücklich, seht ihr, so einfach und billig ist Glück zu haben. Man muss nur drauf kommen. Probiert es aus. Kennt ihr nicht Situationen, in denen ihr euch total unsicher und unangenehm fühltet, weil es keine Gelegenheit gab, eure verschwitzten oder schmutzigen Hände zu waschen? Welche Wohltat, die Hände dann unter einen heißen Wasserstrahl zu halten und mit duftender Seife einzuschäumen."

„Da ist was dran", stimmte Freya zu. „Man besinnt sich ja erst immer auf das Wesentliche, wenn man es nicht zur Verfügung hat. Es gibt aber noch eine Steigerung. Wenn ich mir selbst die Hände wasche, schön und gut, aber da fehlt mir die soziale Komponente, wie sie in der Redewendung ‚eine Hand wäscht die andere' zum Ausdruck kommt. Die gemeinsame Waschung gibt uns das Gefühl, etwas für einen anderen getan zu haben, so ein tiefes Gefühl der Befriedigung."

„So ganz überzeugt bin ich noch nicht", warf Ulrike ein. „Was ist es denn, was angeblich beim Händewaschen ein Glücksgefühl erzeugen soll? Weil es die Grippeviren vertreibt? Der angenehm warme Wasserstrahl auf unserer Haut? Die glitschige Seife, die uns an Kinderspiele im Matsch erinnert? Habt ihr denn nicht die ‚Feuchtgebiete' gelesen? Wenn ich mich recht erinnere, ist es gerade der bewusste Verzicht auf Seife, der die Autorin glücklich macht."

„Glücklich?", warf Göntje ein. „Doch wohl eher reich. Aber im Ernst, wenn schon bloßes Händewaschen glücklich macht, warum dann nicht gleich ein Vollbad mit viel Badeschaum und Duschgel? Ganz tief eintauchen ins vermeintliche Glück und nicht nur zaghaft nach einem kleinen Häppchen greifen …"

Ulrike und Freya mussten diese neue Idee erst einmal verdauen.

„Ich glaube", sagte Göntje nach langer Pause, „zu viel Glück macht eher unglücklich. Es muss eine Ahnung bleiben, dass man zwar auf dem richtigen Weg ist, etwas, wovon wir träumen können. Deswegen nur die Hände. Ich finde solche freiwillige Bescheidung sehr weise."

„Also Leute, ich hab den ganzen Tag im stickigen Büro gesessen, ich hab den dringenden Wunsch …", rief Ulrike aus und erhob sich.

„… dir die Hände zu waschen?", fragten Göntje und Freya gleichzeitig.

„Nö, früh ins Bett zu gehen und lange, lange schlafen, am liebsten das ganze Wochenende durch bis Montagfrüh. Mich macht es am glücklichsten, wenn zwei Tage lang kein Wecker klingelt."

Aus China

Mal sehen, denn wer weiß?

Es war einmal ein alter Mann, der zur Zeit Laotses in einem kleinen chinesischen Dorf lebte. Der Mann lebte zusammen mit seinem einzigen Sohn in einer kleinen Hütte am Rande des Dorfes. Ihr einziger Besitz war ein wunderschöner Hengst, um den sie von allen im Dorf beneidet wurden. Es gab schon unzählige Kaufangebote, diese wurden jedoch immer strikt abgelehnt. Das Pferd wurde bei der Erntearbeit gebraucht und es gehörte zur Familie, fast wie ein Freund.

Eines Tages war der Hengst verschwunden. Nachbarn kamen und sagten: „Du Dummkopf, warum hast du das Pferd nicht verkauft? Nun ist es weg, die Ernte ist einzubringen und du hast gar nichts mehr, weder Pferd noch Geld für einen Helfer. Was für ein Unglück!“ Der alte Mann schaute sie an und sagte nur: „Unglück – mal sehen, denn wer weiß? Das Leben geht seinen

eigenen Weg, man soll nicht urteilen und kann nur vertrauen."

Das Leben musste jetzt ohne Pferd weitergehen und da gerade Erntezeit war, bedeutete das unheimliche Anstrengungen für Vater und Sohn. Es war fraglich, ob sie es schaffen würden, die ganze Ernte einzubringen.

Ein paar Tage später war der Hengst wieder da und mit ihm war ein Wildpferd gekommen, das sich dem Hengst angeschlossen hatte. Jetzt waren die Leute im Dorf begeistert. „Du hast recht gehabt", sagten sie zu dem alten Mann. „Das Unglück war in Wirklichkeit ein Glück. Dieses herrliche Wildpferd als Geschenk des Himmels, nun bist du ein reicher Mann ..." Der Alte sagte nur: „Glück – mal sehen, denn wer weiß? Das Leben geht seinen eigenen Weg, man soll nicht urteilen und kann nur vertrauen."

Die Dorfbewohner schüttelten den Kopf über den wunderlichen Alten. Warum konnte er nicht sehen, was für ein unglaubliches Glück ihm widerfahren war?

Am nächsten Tag begann der Sohn des alten Mannes, das neue Wildpferd zu zähmen und zuzureiten. Beim ersten Ausritt warf ihn dieses so heftig ab, dass er sich beide Beine brach. Die Nachbarn im Dorf versammelten sich und sagten zu dem alten Mann: „Du hast recht

gehabt. Das Glück hat sich als Unglück erwiesen, dein einziger Sohn ist jetzt ein Krüppel. Und wer soll nun auf deine alten Tage für dich sorgen?" Aber der Alte blieb gelassen und sagte zu den Leuten im Dorf: „Unglück – mal sehen, denn wer weiß? Das Leben geht seinen eigenen Weg, man soll nicht urteilen und kann nur vertrauen."

Es war jetzt alleine am alten Mann, die restliche Ernte einzubringen. Zumindest war das neue Pferd so weit gezähmt, dass er es als zweites Zugtier für den Pflug nutzen konnte. Mit viel Schweiß und Arbeit bis in die Dunkelheit sicherte er das Auskommen für sich und seinen Sohn.

Ein paar Wochen später begann ein Krieg. Der König brauchte Soldaten und alle wehrpflichtigen jungen Männer im Dorf wurden in die Armee gezwungen. Nur den Sohn des alten Mannes holten sie nicht ab, denn den konnten sie an seinen Krücken nicht gebrauchen. „Ach, was hast du wieder für ein Glück gehabt!", riefen die Leute im Dorf. Der Alte sagte: „Mal sehen, denn wer weiß? Aber ich vertraue darauf, dass das Glück am Ende bei dem ist, der vertrauen kann."

Lily Brett

Das Auto

Im Sommer, als ich nach Monaten zum erstenmal wieder in Shelter Island war, gab mein Auto auf dem Supermarkt-Parkplatz den Geist auf.
Shelter Island ist ein ruhiger Flecken, zwei Stunden Fahrzeit von Manhattan entfernt. Jedes Jahr verbringe ich einen Teil des Sommers dort. Der Puls der Insel spiegelt sich im Polizeibericht, der einmal wöchentlich im *Shelter Island Reporter* veröffentlicht wird.
Letzte Woche meldete der Polizeibericht drei verschiedene Unfälle, bei denen ein Wildtier von einem Automobil angefahren worden war. Und es wurde berichtet, daß jemand sich über Hundegebell beschwert hatte und daß ein Arbeiter der Telefongesellschaft von einem Truthahn angefallen worden war. „Der Besitzer des Aggressors konnte den Vogel einfangen. Schadenersatz wurde nicht geltend gemacht", schloß der Bericht.

Daß mein Auto den Geist aufgab, ärgerte mich maßlos. Ich hatte mich auf Ruhe und Einsamkeit gefreut. Immer wieder drehte ich den Zündschlüssel in der Hoffnung, den Wagen doch noch zu starten. Der Motor gab keinen Mucks von sich. Meine Bemühungen waren aussichtslos.

Ich mag mein Auto nur, wenn es funktioniert. Jedes wärmere Gefühl, das ich einmal für diesen Wagen empfunden haben mag, hat sich rapide abgekühlt, seit er begonnen hat auseinanderzufallen.

Es ist ein Lincoln Continental, Baujahr 1986. Er soll viele Dinge können. Er soll einem die Außentemperatur und die Fahrtrichtung mitteilen können.

Aber die Temperatur, die die Elektronik des Wagens meldet, paßt nie zum Wetter. Und der Orientierungssinn dieses Autos ist mehr als fragwürdig.

Ich bin schon im Kreis gefahren, bis mir schwindlig wurde, um zu sehen, ob der Wagen angeben konnte, daß wir nach Süden oder Südwesten fuhren. Er konnte es nicht.

Als er auf dem Supermarkt-Parkplatz den Geist aufgab, war ich erbost. Das war der letzte Tropfen.
Ich starrte das Auto zornig an. Nichts geschah. Ein Auto einzuschüchtern ist ähnlich schwer, wie die eigenen erwachsenen Kinder einzuschüchtern. Ich stieg aus und trat gegen einen der Reifen. Es brachte mir keine Erleichterung.
Ich versuchte mich zu beruhigen. Mich daran zu erinnern, daß ich hergekommen war, um Ruhe zu finden. Um gewöhnliche Dinge zu tun. Zum Beispiel einen Automechaniker anzurufen und auf ihn zu warten.
„Wagen defekt?“ fragte ein Mann, der an mir vorbeikam. Ich nickte finster. „Ich glaube, die Batterie ist leer“, sagte ich. Er ging zu seinem Wagen, um ein Starthilfekabel zu holen.
Als er fünf Minuten später wiederkam, hatten mittlerweile drei Leute angeboten, einen Automechaniker für mich zu holen. Aber das Starthilfekabel genügte. Der Wagen sprang an.
Ich fuhr rückwärts aus meiner Parklücke. Ich hatte gerade genug Zeit, ein Gefühl des Triumphs zu empfinden, bevor der Wagen stehenblieb. Ich befand mich noch immer auf dem Parkplatz. Ich stieg aus.
Die allgemeine Meinung auf dem Parkplatz war die, daß ich eine neue Batterie benötigte. Die Stimmung

rings um mein streikendes Auto war munter und ausgelassen.
Ich merkte, daß es mir Spaß machte. Alle waren so fröhlich und so hilfsbereit. Auf diesem Supermarkt-Parkplatz herrschte eine bessere Stimmung als bei den meisten Essenseinladungen.
Eine Stunde nachdem mein Auto zum erstenmal den Geist aufgegeben hatte, besaß ich einige neue Freunde.
Schließlich bekamen wir den Wagen wieder in Gang.
Ich fuhr in die Werkstatt. Unterwegs blieb er drei weitere Male stehen.
Jedesmal hielten Leute neben mir an und boten ihre Hilfe an. Alle waren hilfsbereit. Männer und Frauen beugten sich über den Motor.
Als die neue Batterie eingebaut war, war es später Nachmittag. Ich war nicht am Strand gewesen, wo ich zu sitzen pflege und wachsamen Auges nach Kriebelmücken und Stechmücken Ausschau halte, weil ich Insektenstiche nicht vertrage.
Ich hatte nicht im Teich geschwommen und dabei versucht, nicht an die bissige Schildkröte zu denken, die dort lebt. Ich hatte den schönsten Tag seit Jahren auf dem Land verbracht.

Doris Bewernitz

Komposttherapie

Jedes Jahr im Mai setze ich den Kompost um. Aus Backsteinen habe ich zwei Kammern gemauert, eine rechte und eine linke. Der Inhalt der rechten Seite ist im Laufe zweier Sommer zu schwarzer, herrlich duftender Erde geworden, sie wird durchgesiebt und auf den Beeten verteilt. Die linke Hälfte wird, das Unterste zuoberst, mit der Mistgabel auf die rechte Seite umgeschichtet. Knochenarbeit.

Meine Freundin kommt, als ich gerade fertig und damit beschäftigt bin, Knüllpapier, Gehäckseltes und die Reste der Sieberei als untere Schicht in die linke Kammer zu werfen, wo der neue, diesjährige Kompost entstehen soll.

„Wenn er wenigstens gestorben wäre“, sagt sie. „Aber er ist noch da, er läuft da draußen irgendwo rum!“ Sie spricht von ihrem Mann, der sie im Herbst von einem Tag auf den anderen verlassen hat. Seit einem halben Jahr gibt es kein anderes Thema mehr. „Und ich bin auch noch da. Und alle seine Briefe sind auch noch da! Ich kann sie nicht wegwerfen. Ich kann sie aber auch nicht mehr bei mir haben. Ich weiß nicht, was ich damit machen soll!"

Sie leidet unsäglich. Ich weiß nicht, was ich darauf Sinnvolles erwidern soll, nicke und werfe weiter meine gesammelten Werke in das frei gewordene Mauerviereck.

„Papier auch?", fragt sie.

„Verbessert die Struktur", entgegne ich. „Dann kommt mehr Luft ran. Und die Würmer mögen es. Die sind ganz vernarrt darauf, genau wie auf Kaffeesatz, Zwiebelschalen und …", ich stocke, es ist mir immer noch ein bisschen peinlich, „ … und die festen Bestandteile meines Öko-Klos."

Meine Freundin verzieht das Gesicht und geht sofort einen Schritt vom Kompost weg.

„Igitt. Ehrlich? Stinkt das nicht?"

„Riechst du was?"

Sie schnuppert. „Ne. Aber … Ich weiß ja nicht …"

„Nach zwei Jahren ist davon nichts mehr übrig", sage ich.

„Hm." Sie wiegt den Kopf. Dann erzählt sie weiter von ihrem Mann, beziehungsweise von der Lücke, die er in ihrem Leben hinterlassen hat, und was sie schon alles versucht hat, um diese Lücke zu füllen. „Aber der Schmerz", sagt sie. „Ich werde diesen Schmerz nicht los, verstehst du. Und das Verrückteste ist: Immer wieder lese ich die Briefe, die er mir früher geschrieben hat, als wir uns gerade verliebt hatten. Und dann wird es immer schlimmer."

Sie wirft jetzt auch Holzschnitzel und Papier in die gemauerte Kammer.

„Ich mach uns mal 'n Kaffee", beschließe ich.

Da sagt sie langsam: „Warte mal. Ich glaub, ich hab da gerade 'ne Idee." Sie wischt sich die Hände an der Hose ab und meint: „Ich komme gleich wieder."

Ich entscheide mich, derweil den Rasen zu mähen. Es macht mir immer besonderen Spaß, den neu angelegten Kompost zu füllen.

Meine Wiese ist klein und schnell gemäht. Ich werfe den Grasschnitt in die Kompostkammer. Wie das duftet! Grasschnitt habe ich immer zu wenig. Wenn ich sehe, dass irgendwo in der Nähe eine Wiese gemäht wird, hole ich schnell meine Schubkarre, schiebe fuhrenweise abgemähtes Grün in meinen Garten und freue mich darüber wie ein Kind zu Weihnachten. Werden in Laufnähe zu meinem Garten Bäume beschnitten, mache ich mich ebenfalls auf, trage die Äste herbei, häcksle sie zu Fasern und streue sie als Zwischenschicht ein. Ein riesiger Berg Herbstlaub liegt auch immer bereit. Je vielfältiger, desto lebendiger.

Gerade stecke ich mit beiden Armen im halb verrotteten Laub, da kommt meine Freundin wieder. Sie hält einen Stapel zerfleddert aussehender Briefe in der Hand, geht zielsicher zum Kompost, stellt sich hin, legt den Briefstapel auf die Mauer, zerreißt einen Brief nach dem anderen in kleine Schnipsel und streut diese zwischen den Grasschnitt. Verdutzt ziehe ich die Arme aus den Blättern. Die ersten Asseln kriechen über die Papierschnipsel. Ich wasche mir die Hände und setze Kaffeewasser auf. Meine Freundin steht da, weint und wirft Schnipsel. Das dauert ziemlich lange. Als sie zum Tisch kommt, sieht sie erschöpft aus.

Den Kaffee trinken wir schweigend.

In den darauffolgenden Wochen taucht sie häufiger im Garten auf als sonst. Immer bringt sie etwas für den Kompost mit und besteht darauf, es selbst draufzuwerfen. Einmal schleppt sie einen ganzen Eimer voller Zwiebeln an. Ich habe sie im Verdacht, dass sie die extra für die Regenwürmer gekauft hat. Grasschnitt, Küchenabfälle, Kohlblätter aus dem Supermarkt, vertrocknete Blumensträuße, alte Erde, Gemüseabfälle, Teebeutel, Unmengen von Kaffeesatz … Es kommt mir vor wie eine nicht enden wollende Beerdigung.

Oft steht sie einfach da und schaut auf den entstehenden Berg, als würde sie ein Orakel befragen.

Als er Mitte Juli die Höhe der Steinumrandung erreicht hat, meint sie: „Er ist voll. Was machen wir jetzt?"
Wir heben ein Stück der oberen Schicht ab. Staunend stehen wir vor dem Gewimmel. Springschwänze, Tausendfüßler, Kurzflügler, Nashornkäfer, Engerlinge, Insektenlarven, Asseln, Spinnen, Regenwürmer, ... und dazu noch die Milliarden kleinster Lebewesen, die man gar nicht sieht!
„Zweitausend pro Kubikmeter", sage ich. „Allein Regenwürmer. Wahnsinn, oder? Und dann noch all die anderen. Was meinst du, was die für einen Hunger haben. In einer Woche ist hier wieder Platz."
Wie enorm schnell alles verrottet, wenn der Prozess erst einmal in Gang gekommen ist! Man kann dem Berg fast beim Zusammensacken zugucken. Egal, welche Mengen man die Gartensaison über darauf wirft, er bleibt immer in derselben Höhe. Bis zum November. Das ist ein bisschen wie Zauberei.
Im nächsten Frühjahr setzen meine Freundin und ich gemeinsam den Kompost um, der inzwischen weit unter die Steinkante gesackt ist. Wir schippen und schwitzen, bis wir ganz unten angekommen sind. Dort, wo sie vor einem Jahr ihre traurigen Briefschnipsel verstreut hat.
Meine Freundin schaut auf den schwarzen Boden und strahlt so erleichtert, als hätte sie tatsächlich befürch-

tet, die Briefe könnten noch immer unangetastet dort liegen. „Guck! Alles weg! Deine Regenwürmer sind wunderbar. Das nenne ich eine gründliche Verarbeitung von Schmerz. Warum gehe ich eigentlich monatelang zum Therapeuten …?"
„Entschuldige", unterbreche ich sie grinsend, „aber das hier kannst du bitte schön von keinem Therapeuten erwarten."

Glück und Geld

Doña Fortuna (Glück) und Don Dinero (Geld) liebten einander so zärtlich, dass sie bald unzertrennlich waren und man bald den einen nie ohne den anderen sah. Nach kurzer Zeit feierten sie Hochzeit und die Leute schüttelten die Köpfe über das seltsame Paar.
Don Dinero war ein behäbiger Dickbauch, mit einem Kopf aus peruanischem Gold, einer Mütze aus mexikanischem Silber, Beinen aus chilenischem Kupfer und Pantoffeln aus Wertpapieren der großen Fabrik in Madrid. Doña Fortuna war ein verdrehtes, unbeständiges Frauenzimmer, unverlässlich im höchsten Grade – und in ihren Gunstbezeugungen blinder als ein Maulwurf.
Kaum waren die Flitterwochen verstrichen, brach auch schon der erste Streit zwischen den Frischvermählten aus. Doña Fortuna wollte befehlen. Don Dinero war jedoch ein stolzer, eingebildeter Kauz und überließ seiner Frau nicht kampflos die Vorherrschaft im Haus.
Da nun jeder behauptete, vornehmer und mächtiger zu sein als der andere und keiner nachgeben wollte,

kamen sie überein, einen Wettstreit zu veranstalten: „Siehst du dort unten“, sagte das Weib zu seinem Gatten, „im Schatten jenes alten Ölbaumes den armen Menschen, der so niedergeschlagen und betrübt aussieht und den Kopf so hängen lässt? Lass uns sehen, wer von uns beiden, du oder ich, die Macht besitzt, sein Schicksal zu verbessern.“

Der Gemahl willigte ein. Sie liefen zum Ölbaum – er ächzend und stöhnend von der ungewöhnlichen Anstrengung, sie lachend und hüpfend.

Der Unglückliche, der unter dem Baum lag, hatte in seinem Leben nie Gelegenheit gehabt, einen Blick auf Doña Fortuna oder Don Dinero zu werfen. Er riss Mund und Nase auf, und seine Augen wurden so groß und rund wie die Oliven, die über seinem Kopf hingen.

„Gott schütze dich“, redete Don Dinero ihn herablassend an, „kennst du mich nicht?“

„Ich kenne Euer Gnaden nicht, obgleich ich in Euren Diensten arbeite.“

„Du hast nie zuvor mein Antlitz gesehen?“

„In diesem Leben nie.“

„Und besitzt du nichts auf dieser Welt?“

„Euer Gnaden, ich habe sechs Kinder, die keinen Fetzen auf dem Leib tragen und nichts zu essen haben, um ihren Hunger zu stillen. Was mein Vermögen betrifft, so besitze ich nicht mehr, als von der Hand in den Mund zu leben."

„Und warum arbeitest du nicht?"

„Ja, weil ich keine Arbeit finde! Ich habe solches Pech, dass mir alles schiefgeht. Seit meiner Heirat scheint mich das Unglück zu verfolgen! Da schickt uns ein feiner Herr hierher, ihm für Tagelohn einen Brunnen zu graben. Er versprach uns goldene Berge, wenn unsere Arbeit von Erfolg gekrönt würde – im Voraus aber gab er uns nicht einen Heller. Hängen sollte man den Schuft!"

„Nun", meinte belehrend der Zuhörer, „vielleicht dachte der Herr auch an das Sprichwort ‚wie die Arbeit, so der Lohn'."

„Also, wir fingen an zu arbeiten, als gälte es das Heil unserer Seele; aber, wie gesagt, je tiefer wir gruben, umso weiter entfernten wir uns von der Wasserquelle – nicht einen Tropfen haben wir gefunden. Es war, als seien die Eingeweide der Erde vertrocknet – unsere ganze Beute besteht in einem alten Lederstiefel, den wir gestern ans Tageslicht beförderten."

„Aus dem Innern der Erde!", rief Don Dinero verärgert aus, da er seinen unterirdischen Junggesellenpalast so übel beschrieben fand, doch fügte er versöhnlich hinzu: „Ich will dir helfen!" und drückte dem Armen einen Duro in die Hand.

Dem aber erschien alles wie ein schöner Traum. Ohne sich zu bedanken, machte er sich auf und davon. Es war, als habe er Flügel an den Sohlen, so hatte die Freude seine Kräfte neu belebt. Er kam in eine kleine Schenke und kaufte für sich und die Seinen Brot. Als er zum Bezahlen das Geld aus der Tasche ziehen wollte, fand er nichts darin als ein großes Loch, durch welches der silberne Duro entschlüpft war. Verzweifelt kehrte er um und suchte den ganzen Weg ab, auf dem er gekommen war, doch umsonst. Durch das Suchen verlor er viel Zeit und mit der Zeit die Geduld, und er verfluchte sein Pech.

Doña Fortuna krümmte sich vor Lachen und Don Dinero war ganz gelb vor Ärger. Doch blieb ihm nichts anderes übrig, als abermals den Beutel zu ziehen und dem Armen eine Unze zu schenken.

Dieser war so selig, dass er vor Freude gar nicht wusste, was er alles dafür einkaufen sollte. Diesmal dachte er nicht an Brot, sondern begab sich in eine Schneiderei, um für seine Frau und die Kinder Kleider zu kaufen. Als es aber ans Bezahlen ging und er die Unze hervorzog, schrie der Kaufmann und behauptete, das Goldstück sei falsch und der Mann ein Betrüger, den er der Polizei ausliefern müsse. Der Arme, als er das vernahm, floh eiligst, um Don Dinero weinend mitzutei-

len, in was für ein Unglück ihn das Geschenk beinahe gestürzt hatte.
Als Doña Fortuna die Geschichte hörte, brach sie in lautes Lachen aus, während sich Don Dinero wütend den Schnurrbart drehte.
„Nimm“, sagte er zu dem Armen und gab ihm 2.000 Realen. „Du hast kein Glück, aber so wahr ich der mächtige Beherrscher der Erde bin, ich will dir dasselbe ersetzen!“

Der Arme war durch die große Menge an Geld derart geblendet, dass er nicht merkte, wie sich ihm ein paar Spitzbuben näherten. Sie überfielen den Prahlhans und ließen ihn bettelarm zurück.
Doña Fortuna sah schadenfroh zu ihrem Gemahl, der wütend hin und her lief wie ein Stier in einer Arena.
„Jetzt bin ich dran“, sagte sie. „Nun wollen wir doch mal sehen, wer die größere Macht besitzt, du oder ich?“

Leisen Schrittes näherte sie sich dem Armen, berührte ihn sachte an der Schulter – und sogleich fand der Mann seinen verlorenen Duro wieder.
„Es ist besser als nichts“, sagte der Mann zufrieden. „Jetzt kann ich Brot für die Familie kaufen.“
Als er an der Schneiderei vorbeiging, wo er zuvor Kleidung hatte kaufen wollen, stürmte der Schneider aus dem Geschäft, verbeugte sich voller Demut vor dem Armen, da er ihn zu Unrecht beschuldigt habe. Er habe geglaubt, die Unze sei gefälscht, musste aber feststellen, dass das Goldstück echt sei. Damit gab er dem Mann das Geld zurück und schenkte ihm darüber hinaus noch all die ausgesuchten Kleider.
Der Arme zog glücklich mit seiner Ware beladen weiter, als er plötzlich die Spitzbuben sah, die von der Wache zum Richter geführt wurden. Der Richter erstattete dem verdutzten Mann das Geld zurück.
Der Mann legte das Geld geschickt an, kaufte eine Mine, und es dauerte nicht lange, da stieß er auf eine Gold- und Silberader. Fortan lebte er mit seiner Familie glücklich in Gesundheit und Wohlstand.
Doña Fortuna aber hält seit diesem Ereignis ihren Mann unter dem Pantoffel und regiert launenhaft die Welt – meist leider ohne Sinn und Verstand.

Oscar Wilde

Der Modellmillionär

Aufgezeichnet mit dem Ausdruck der Bewunderung

Wenn man nicht wohlhabend ist, hat es keinen Zweck, charmant zu sein. Romantische Dinge zu tun, ist das Vorrecht der Reichen, nicht die Aufgabe der Erwerbslosen. Der Arme sollte praktisch und prosaisch sein. Es ist besser, ein festes Einkommen zu haben, als faszinierend zu sein. Das sind die großen Wahrheiten des modernen Lebens, die Hughie Erskine niemals begreifen konnte. Armer Hughie! Zugegeben – ein Mann von Geist war er nicht gerade. Sein Leben lang gab er nichts Brillantes, ja nicht einmal etwas Boshaftes von sich. Dafür aber sah er blendend aus mit seinem braunen Kraushaar, seinem klaren Profil und seinen grauen Augen. Er war bei Männern ebenso beliebt wie bei Frauen und eignete sich zu allem außer zum Geldverdienen. Sein Vater hatte ihm einen Kavalleriesäbel und die fünfzehnbändige *Geschichte des Peninsular War* vermacht. Hughie hängte den Säbel über den Spiegel, stellte die Bücher ins Regal und lebte von den zweihundert Pfund, die eine alte Tante ihm jährlich bewilligte. Er hatte alles ausprobiert. Sechs Monate lang hatte er sein Glück an der Börse versucht, aber was sollte ein Schmetterling unter lauter Bullen und Bären? Etwas länger hatte er mit Tee gehandelt, aber dann waren ihm die Pekoe- und Souchongmischungen auf die Nerven gegangen. Danach hatte er es mit trockenem Sherry versucht, aber auch das war nicht das Richtige; der Sherry war nämlich etwas zu trocken. Am Ende war nichts aus ihm geworden, nichts als ein reizender, nutzloser junger Mann mit einem vollendeten Profil und ohne Beruf.

Zu allem Unglück war er auch noch verliebt. Das Mädchen hieß Laura Merton und war die Tochter eines pensionierten Obersten, der in Indien seine gute Laune und seine gute Verdauung eingebüßt und beides seither nicht wiedergefunden hatte. Laura betete Hughie an, und er war bereit, den Saum ihres Kleides zu küssen. Die beiden waren das hübscheste Paar in ganz London und hatten keinen roten Heller. Der Oberst mochte Hughie sehr gern, wollte aber nichts von Verlobung wissen.

„Sprechen Sie wieder bei mir vor, mein Junge, wenn Sie zehntausend Pfund besitzen; dann werden wir weitersehen“, pflegte er zu sagen. Hughie blickte dann immer sehr finster drein und musste sich von Laura trösten lassen.

Eines Morgens, als er gerade auf dem Weg zum Holland Park war, wo die Mertons wohnten, ging er auf einen Sprung zu Alan Trevor, einem seiner besten Freunde. Trevor war Maler. Tatsächlich entgehen heutzutage nur wenige diesem Schicksal, aber er war noch dazu ein echter Künstler, und echte Künstler sind ziemlich selten. Rein äußerlich war er ein merkwürdig grober Bursche mit sommersprossigem Gesicht und wildem rotem Bart. Nahm er jedoch den Pinsel in die Hand, dann erwies er sich als Meister seines Faches, und seine Bilder waren sehr begehrt. Zugegebenermaßen hatte er sich anfangs nur deshalb so stark zu Hughie hingezogen gefühlt, weil dieser so viel Charme besaß. „Ein Maler“, pflegte er zu sagen, „sollte nur mit Menschen verkehren, die zugleich *bête* und schön sind, mit Menschen, die zu betrachten ein ästhetischer Genuss und mit denen zu reden eine Erholung für den Geist ist. Männer, die Dandys, und Frauen, die süße Geschöpfe sind, bestimmen den Lauf der Welt – oder sollten es wenigstens tun.“ Doch nachdem er Hughie näher kennengelernt hatte, fand er Gefallen an dessen fröhlichem, lebhaftem Temperament und großzügigem, unbekümmertem Wesen. Für ihn stand sein Atelier immer offen.

Als Hughie eintrat, legte Trevor gerade letzte Hand an das herrliche, lebensgroße Bildnis eines Bettlers. Dieser selbst stand auf einem Podest in der Ecke des Ateliers. Er war ein verhutzelter alter Mann, dessen Gesicht verknittertem Pergament glich und einen mitleiderregenden Ausdruck zeigte. Über die Schultern hing ihm ein brauner Mantel aus grobem Stoff, der nur noch aus Fetzen bestand, seine plumpen Stiefel waren geflickt, mit der einen Hand stützte er sich auf einen derben Stock, in der andern hielt er, um Almosen bittend, seinen zerbeulten Hut.

„Ein erstaunliches Modell!“, flüsterte Hughie, als er seinem Freund die Hand drückte.

„Ein erstaunliches Modell?“, rief Trevor mit schallender Stimme. „Das will ich meinen! Bettler wie ihn trifft man nicht jeden Tag! Eine *trouvaille, mon cher,* ein lebender Velasquez! Herrgott, was für eine Radierung hätte Rembrandt daraus gemacht!“

„Der arme alte Kerl!“, sagte Hughie. „Wie erbärmlich er aussieht! Aber für euch Maler ist sein Gesicht sicher sein wertvollster Besitz, nicht wahr?“

„Du erwartest doch wohl nicht, dass ein Bettler glücklich aussieht?“

„Wie viel bekommt ein Modell für eine Sitzung?“, fragte Hughie, während er sich bequem auf dem Diwan niederließ.

„Einen Schilling pro Stunde.“

„Und wie viel bekommst du für dein Bild?“

„Für das hier? Zweitausend.“

„Pfund?“

„Guineen. Maler, Dichter und Ärzte bekommen immer Guineen.“

„Also wirklich, meiner Meinung nach sollten die Modelle Prozente erhalten!“, rief Hughie lachend. „Sie arbeiten ebenso schwer wie du.“

„Was für ein Unsinn! Denk doch nur, wie anstrengend es allein schon ist, die Farbe aufzutragen und den ganzen Tag vor der Staffelei zu stehen! Du hast leicht reden, Hughie, aber ich kann dir versichern, dass es Momente gibt, in denen die Kunst beinahe den Rang schwerer körperlicher Arbeit erreicht. Aber schwatz nicht so viel, ich bin sehr beschäftigt. Rauch eine Zigarette und halt den Mund!"

Nach einer Weile kam der Diener herein und meldete Trevor, der Rahmenmacher wünsche ihn zu sprechen.

„Lauf nicht weg, Hughie", sagte Trevor im Hinausgehen, „ich bin gleich wieder da."

Der alte Bettler benutzte die Abwesenheit des Malers, um sich ein wenig auf der hinter ihm stehenden Holzbank auszuruhen. Er sah so unglücklich und elend aus, dass Hughie Mitleid empfand und in seinen Taschen nach Geld suchte. Ein Sovereign und ein paar Kupfermünzen waren alles, was er fand. „Der arme Alte braucht's nötiger als ich", dachte er. „Allerdings werde ich mir zwei Wochen lang keine Droschke mehr leisten können." Dann ging er hinüber zu dem Bettler und drückte ihm den Sovereign in die Hand.

Der alte Mann stutzte, und ein schwaches Lächeln spielte um seine welken Lippen. „Vielen Dank, Sir", sagte er, „vielen Dank!"

Dann kam Trevor zurück, und Hughie, etwas verlegen über seine gute Tat, verabschiedete sich. Er verbrachte den Tag in Gesellschaft Lauras, bekam eine reizende

Gardinenpredigt über seine Verschwendungssucht und musste zu Fuß nach Hause zurückkehren.

Gegen elf Uhr nachts schlenderte er in den Paletten-Klub, wo er Trevor allein im Rauchsalon sitzen und Rheinwein mit Selterswasser trinken sah.

„Na, Alan, ist das Bild fertig geworden?“, fragte er, während er sich eine Zigarette anzündete.

„Ja, alter Junge, es ist fertig und bereits gerahmt. Übrigens, du hast eine Eroberung gemacht! Mein altes Modell ist ganz begeistert von dir. Ich musste ihm alles über dich erzählen – wer du bist, wo du wohnst, wie hoch dein Einkommen ist, was für Zukunftsaussichten du hast…“

„Du liebe Güte, Alan“, rief Hughie, „dann wird er wahrscheinlich schon auf mich warten, wenn ich heimkomme! Aber du hast bestimmt nur einen Scherz gemacht. Der arme Teufel! Ich wollte, ich könnte etwas für ihn tun. Es ist doch furchtbar, dass so viel Elend überhaupt möglich ist! Ich habe daheim haufenweise alte Sachen – meinst du, er würde etwas davon tragen? Seine Lumpen sind ihm ja fast vom Leib gefallen.“

„Aber er sieht doch großartig darin aus“, sagte Trevor. „Um keinen Preis würde ich ihn im Gehrock malen. Was du Lumpen nennst, nenne ich Romantik. Was dir als Armut erscheint, ist für mich malerisch. Aber ich werde ihm auf jeden Fall von deinem Angebot erzählen.“

„Alan“, sagte Hughie ernst, „ihr Maler seid wirklich eine herzlose Bande.“

„Das Herz eines Künstlers ist sein Kopf. Und außerdem ist es unsere Aufgabe, die Welt so darzustellen, wie wir sie sehen, und nicht, sie zu bessern aufgrund dessen, was wir von ihr wissen. *A chacun son métier.* Und wie geht's Laura? Mein altes Modell hat sich sehr für sie interessiert.“

„Soll das heißen, dass du mit ihm über sie gesprochen hast?“

„Natürlich. Er weiß genau Bescheid über den unnachgiebigen Oberst, die reizende Laura und die zehntausend Pfund.“

„Du hast diesem alten Bettler meine Privatangelegenheiten erzählt?“, rief Hughie rot vor Zorn.

„Mein Bester“, sagte Trevor lächelnd, „dieser alte Bettler, wie du ihn nennst, ist einer der reichsten Männer Europas. Er könnte morgen ganz London kaufen, ohne sein Konto zu überziehen. Er besitzt ein Haus in jeder Hauptstadt, isst von goldenen Tellern und kann, wenn er will, Russland daran hindern, einen Krieg zu führen.“

„Was um alles in der Welt meinst du damit?“

„Genau das, was ich gesagt habe. Der alte Mann, den du heute in meinem Atelier getroffen hast, ist Baron

Hausberg. Er ist ein guter Freund von mir, kaufte alle meine Gemälde und anderes und hat mich vor vier Wochen beauftragt, ihn als Bettler zu malen. *Que voulez-vous? La fantaisie d'un millionaire!* Und ich muss sagen, er sah großartig aus in seinen Lumpen, oder besser, in meinen Lumpen. Das alte Zeug habe ich nämlich aus Spanien mitgebracht."

„Baron Hausberg!", rief Hughie. „Um Himmels willen, ich habe ihm einen Sovereign geschenkt!"

„Was? Einen Sovereign geschenkt?" Trevor brach in schallendes Gelächter aus. „Alter Junge, das Geld siehst du nie wieder. *Son affaire c'est l'argent des autres.*"

„Du hättest es mir sagen sollen, Alan, anstatt zuzulassen, dass ich mich derart lächerlich mache", sagte Hughie vorwurfsvoll.

„Also hör mal, Hughie, erstens hatte ich keine blasse Ahnung, dass du so unbekümmert Almosen verteilst. Ich könnte es verstehen, wenn du ein hübsches Modell küssen würdest, aber dass du einem hässlichen einen Sovereign schenkst – du liebe Güte, nein! Und zweitens war ich heute für niemanden zu sprechen, und als du plötzlich erschienst, wusste ich nicht, ob Hausberg beim Namen genannt sein wollte. Schließlich war er nicht korrekt gekleidet."

„Er muss mich für einen ausgemachten Trottel halten“, sagte Hughie.
„Keineswegs. Er war in bester Laune, als du gegangen warst. Er kicherte ständig in sich hinein und rieb sich die runzligen Hände. Ich konnte mir nicht erklären, warum er unbedingt alles über dich erfahren wollte. Jetzt weiß ich's. Hughie, er wird deinen Sovereign für dich anlegen und dir alle sechs Monate Zinsen zahlen. Und außerdem hat er jetzt eine großartige Geschichte, die er nach dem Essen zum Besten geben kann.“
„Ich bin wirklich vom Unglück verfolgt“, knurrte Hughie. „Das Beste für mich ist, schlafen zu gehen. Und, mein teurer Alan, sprich mit niemandem darüber! Sonst wage ich mich nicht mehr auf die Straße.“
„Unsinn! Das Ganze macht deiner philanthropischen Einstellung alle Ehre. Lauf jetzt nicht davon. Rauch noch eine Zigarette und erzähle mir von Laura, so viel du willst!“
Aber Hughie wollte nicht bleiben. Völlig niedergeschlagen machte er sich auf den Heimweg, während Alan von Lachkrämpfen geschüttelt wurde.
Als Hughie am nächsten Morgen beim Frühstück saß, brachte ihm sein Diener eine Visitenkarte mit folgender Aufschrift: „Monsieur Gustave Naudin, *de la part de M. le Baron Hausberg*.“ „Wahrscheinlich verlangt

er eine Entschuldigung von mir“, dachte Hughie und ließ den Besucher zu sich bitten.
Ein alter Herr mit goldgeränderter Brille und grauen Haaren trat ein und sagte mit leichtem französischem Akzent: „Habe ich die Ehre mit Monsieur Erskine?“
Hughie verneigte sich.
„Ich komme von Baron Hausberg. Der Baron …“
„Darf ich Sie bitten, Sir, ihm meine aufrichtigste Entschuldigung zu übermitteln“, stammelte Hughie.
„Der Baron hat mich beauftragt, Ihnen diesen Brief auszuhändigen“, sagte der alte Herr lächelnd und reichte Hughie ein versiegeltes Kuvert.
Es trug die Aufschrift „Ein Hochzeitsgeschenk für Hugh Erskine und Laura Merton von einem alten Bettler“ und enthielt einen Scheck über zehntausend Pfund.
Bei der Hochzeit war Alan Trevor Brautführer, und der Baron hielt eine Tischrede.
„Millionärmodelle“, bemerkte Alan, „sind selten genug, aber Modellmillionäre sind weiß Gott noch seltener!“

Manfred Kyber

Das Faultier

Das Faultier hing an einem Ast und duselte vor sich hin.
„A-i“, sagte das Faultier und seufzte.
Es seufzte herzbeweglich. Seufzen hielt es für schlaffördernd. Unten am Stamm des Baumes saß ein kleines Pinseläffchen und las in einem Buch. Das Buch war auf Baumrinde geschrieben und in Lianengeflecht gebunden. Den Entwurf dazu hatte eine Giftspinne gezeichnet – eigenbeinig. Darum war der Einband giftgrün geworden. Das Buch hieß „Wie werde ich energisch?“ Solches hatte das Äffchen sehr nötig. Denn Pinseläffchen sind zarte und schüchterne Geschöpfe.
Das Faultier seufzte herzbeweglich.
„Was fehlt Ihnen denn eigentlich?“, fragte das Äffchen teilnehmend und guckte nach oben. „Ist Ihnen nicht wohl?“
„A-i“, sagte das Faultier und seufzte.
„Sie sind gewiss krank“, sagte das Äffchen und kletterte hilfsbereit nach oben.
Das Faultier rührte sich nicht.
„Ich bin hungrig“, sagte es und seufzte.

„Aber dicht über Ihnen hängen ja die schönsten Früchte und Blätter", sagte das Äffchen erstaunt.
Das Faultier blinzelte nach oben.
„Ich bin zu faul", sagte es und seufzte.
„Sie müssen das Buch lesen ‚Wie werde ich energisch?'", sagte das Äffchen eifrig und zeigte auf den giftgrünen Einband.
„Eine Tante von mir hat das Buch gelesen und ist so energisch geworden, dass kein Affe mehr mit ihr leben kann. Meine Tante fletscht die Zähne und schmeißt mit Steinen. So energisch ist sie geworden."
„Dass ich ein Buch lese, ist vollständig ausgeschlossen", sagte das Faultier.
„Ja, was machen wir denn da?", sagte das Äffchen ratlos.

„Sie können doch nicht einfach verhungern vor den reifen Früchten!“
„A-i“, sagte das Faultier und seufzte.
Das Pinseläffchen hatte ein sehr weiches Herz. Es konnte das Seufzen nicht mehr anhören. Es nahm ein Bündel Blätter und stopfte es dem Faultier ins Maul. Das Faultier kaute schwer und mühsam, mit geschlossenen Augen. Das Äffchen stopfte und half mit den Füßen nach.
„So geht es aber nicht weiter“, sagte das Pinseläffchen nach dem eingestopften Diner. „Sie müssen energisch werden. Ich werde Ihnen das Buch „Wie werde ich energisch?“ vorlesen, da Sie schon zu faul sind, es selbst zu lesen. Aber Sie müssen aufmerksam zuhören.“
„Dass ich zuhöre, wenn ein Buch vorgelesen wird, ist vollständig ausgeschlossen“, dachte das Faultier. Es sagte das aber nicht mehr. Es war zu faul dazu. Das Äffchen setzte sich neben das Faultier und nahm den giftgrünen Einband zur Hand. Es las das ganze Buch mit lauter Stimme vom Anfang bis zum Ende.
„Sind Sie nun energisch geworden?“, fragte das Äffchen und sah das Faultier erwartungsvoll an.
Das Faultier rührte sich nicht. Es war eingeschlafen. Da nahm das zarte Pinseläffchen das Buch „Wie werde

ich energisch?“ und warf es dem Faultier wütend an den Kopf.
So energisch war es geworden – beinahe wie seine Tante, die mit Steinen schmiss und die Zähne fletschte.
„A-i“, sagte das Faultier und seufzte.

Man sagt, dass die Faultiere aussterben. Das glaube ich nicht. Wenn sie aber wirklich aussterben, so sind sie der beste Beweis für die Seelenwanderung.

Käthe Lachmann

Im Aufzug nach Australien

Dafür, dass Hubert elf Jahre jünger war als er, sah er ziemlich verlebt aus, fiel Joachim als Erstes auf, als er seinen Bruder vor dem Fahrstuhl zum Notar traf. Hubert führte anscheinend gerade ein aufregendes Telefonat. Es wirkte sehr angespannt, wie er mit der freien Hand wild gestikulierte und dabei bemüht war, seine Stimme nicht allzu laut werden zu lassen. Eine ausgefranste Aktentasche war unter den anderen Arm geklemmt. Er nickte Joachim nur kurz zu und redete dabei weiterhin auf seinen Gesprächspartner ein.
Das konnte ja heiter werden. Sein Bruder hatte sich anscheinend in all den Jahren nicht geändert. Zuletzt hatten sie sich auf Mutters Beerdigung gesehen. Er nahm es Hubert auch sehr übel, dass er zu Vaters Beerdigung nicht gekommen war, angeblich, weil er genau an dem Tag ein „Mordsgeschäft in London zu erledigen hatte“. Als ob sich seine obskuren Geschäfte nicht verschieben ließen! Mit jemandem, dem die Beerdigung des eigenen Vaters nicht wichtig war, wollte Joachim nichts zu tun haben. Er würde diesen

gemeinsamen Termin schnell hinter sich bringen und dann mit Jutta ihren Geburtstag feiern, sie schick zum Essen einladen.

„Hey Jojo, alte Wanderniere, wie geht's? Du siehst blendend aus!" Sein Bruder hatte aufgelegt und knuffte ihn nun kumpelhaft in die Seite.

Joachim hielt ihm die Hand hin, die er augenrollend ergriff und lahm drückte: „Immer noch der steife Hamburger? Mensch Jojo, werd mal locker!"

Joachim machte ein verächtliches Geräusch und hob eine Augenbraue. Locker war sein Bruder, ja. Er sah aus wie Crocodile Dundee mit seiner Lederkette um den Hals und der engen Jeans, aus der sein Bierbauch herausquoll. Ein lässig über der Hose hängendes Jeanshemd kaschierte diesen nur mangelhaft. Zu allem Überfluss hatte er die Jeans in Stiefeletten gestopft.

„Du bist pünktlich", stellte Joachim fest.

„Klaro, geht doch um – äh, um Papa." Er sah auf seine Armbanduhr, ein Monstrum, das an ein Gerät aus der U-Bootnavigation erinnerte. „Hey, wir sind zwölf Minuten zu früh, da kann ich noch kurz eine rauchen – kommst du mit vor die Tür?"

„Wenn's sein muss und schnell geht", seufzte Joachim, nahm seinen Schirm und den Aktenkoffer und folgte seinem Bruder.

„Ich hab da ein Riesending am Laufen. Mit Papas Kohle kann das richtig was werden.“ Hubert nahm einen tiefen Zug und sah mit zusammengekniffenen Augenbrauen Richtung Horizont, als könnte er dort schon das Riesending erkennen.

Joachim seufzte leise. War ja klar: Die Beerdigung sausen lassen, aber scharf aufs Erbe sein. „Du klingst wie in einem drittklassigen Vorabendkrimi.“

„Echt? Cool. Sogar drittklassig!“ Hubert strahlte.

Joachim schüttelte schwach den Kopf. Wie hatte sein kleiner Bruder damals nur das Abitur geschafft?

„Ich gucke kein Fernsehen, weißt du. Dafür ist uns die Zeit zu schade. Wir gucken lieber DVDs, Esmeralda und ich.“

Ich muss höchstens eine Stunde mit ihm durchstehen, dann kann ich meinem Brüderchen für die nächsten Jahre wieder „Lebewohl“ sagen, versicherte sich Joachim selbst. Es war ja nicht so, dass er seinen Bruder hasste, aber er konnte mit ihm einfach überhaupt nichts anfangen. Sie lebten in vollkommen verschiedenen Welten: Er, Joachim, hatte einen ordentlichen Beruf als Controller bei einem großen Sanitärfachhandel und wohnte glücklich mit seiner Frau in einem Reiheneckhaus am Stadtrand. Sein Bruder hingegen hatte nie ans Heiraten gedacht und war schon alles in

seinem Leben gewesen: Autoverkäufer, Heiratsvermittler, Kneipenbesitzer, Vertreter für Nahrungsergänzungsmittel – irgendwann hatte es Joachim einfach nicht mehr interessiert. So lange sein Bruder sich kein Geld von ihm lieh, war ihm egal, wie er sich durchs Leben schlug.
Bei dieser Überlegung fühlte er in seiner Tasche nach der kleinen Schachtel. Bald konnte er sie seiner Frau überreichen.
Als hätte er seine Gedanken gelesen, fragte ihn Crocodile Dundee: „Und, alles im Lack bei dir?"
„Ja, danke."
„Ich habe übrigens eine Freundin. Esmeralda. Wir wohnen zusammen. Und du? Bist du noch mit dieser – wie hieß sie doch gleich – Jutta? – zusammen?"
Hubert nahm einen letzten Zug und schnippte die Kippe weg.
„Ja. Seit fast dreißig Jahren", antwortete Joachim nicht ohne Stolz und ohne seinen Bruder darauf hinzuweisen, wie sehr er es hasste, dass alle Welt ständig alles so einfach hinschmiss. Nicht nur im übertragenen Sinne, sondern auch ganz konkret wie sein Bruder gerade den Zigarettenstummel.
„Boah, das hab ich nie geschafft. Bin ja aber auch zehn Jahre jünger als du!", lachte Hubert.

„Elf. Wir müssen los.“ Er hatte sich für heute vorgenommen, seinem Bruder gegenüber nett, aber distanziert zu bleiben. Hoffentlich würde er das durchhalten.

Als der Fahrstuhl kam, kramte Hubert in seiner Aktentasche. „Mist, hast du den Brief von dem Typen dabei? Ich weiß gar nicht mehr, in welchen Stock wir müssen …“

Typisch. Er, Joachim, hatte sich natürlich sowohl den Namen als auch das Stockwerk gemerkt. Was heißt gemerkt, er hatte den Brief gelesen und automatisch die wichtigen Fakten abgespeichert: „Montag, 3.6., 16:30 Uhr, Dr. Wiegmann, Adenauerallee 125, 7. Stock“, ratterte er herunter.

Sie stiegen in den Fahrstuhl und natürlich war es Hubert, der auf die Sieben drückte. Das war schon in ihrer Jugend so gewesen: Er, Joachim, wusste etwas und Hubert nutzte sein Wissen aus und tat so, als hätte er es selbst gewusst. Joachim holte tief Luft, bereute das aber sofort, denn hier zu zweit auf engem Raum roch sein Bruder fürchterlich nach Rauch. Er hatte ja selbst mal geraucht, aber das war bestimmt zwei Jahrzehnte her, und seitdem konnte er den Gestank nicht mehr ertragen. Er konzentrierte sich auf die Stockwerkanzeige. Eins, zwei – das ging ja Gott sei Dank sehr schnell.

„Paps müsste doch noch irgendwo ziemlich viel Kohle haben vom Hausverkauf, oder ist das alles für das Altersheim draufgegangen?“, fragte Hubert und hustete einen hässlichen Raucherhusten.

Drei, vier.

„Wir werden es sehen. Er hatte ja noch die Rente für das Seniorenstift.“ Er betonte das letzte Wort. Altersheim sagte man einfach nicht mehr.

Fünf, …

Es gab einen Ruck, und der Aufzug fuhr nicht mehr weiter. Wieso musste jetzt noch jemand zusteigen? Joachim trommelte ungeduldig mit den Fingern auf seinen Aktenkoffer. Er wollte das alles doch nur schnell hinter sich bringen.

Die Tür blieb zu. „Hat da so ein Vollidiot draufgedrückt und ist dann doch die Treppe gegangen?“, knurrte er.

„Mann, du hast vielleicht ’ne Laune! Nee, ich glaube, wir stecken fest, wir sind nicht auf der Fünf.“ Hubert zuckte mit den Schultern.

„Quatsch.“ Joachim drückte mehrmals hektisch auf die Sieben, dann auf den Öffnen-Knopf. Nichts passierte.

„Sag ich doch. Wir stecken fest.“

„Wären wir nur nicht noch mal rausgegangen. Du mit deiner blöden Raucherei!“

Sein Bruder ignorierte die Spitze: „Ich hab da mal 'nen Film gesehen, da saß auch jemand im Fahrstuhl fest. Eigentlich gibt's ja immer so 'nen Knopf, da kann man draufdrücken und dann spricht man mit 'nem Notdienst und das müsste", er guckte suchend, „der hier sein." Er drückte. Nichts passierte. Dann boxte er seinem Bruder in die Seite: „Ah, hier ist 'ne Telefonnummer. Rufst du da mal an?"
Natürlich bleibt es wieder an mir hängen, fluchte Joachim in Gedanken. Wahrscheinlich hatte er wieder mal seine Telefonrechnung nicht bezahlt. Er sprach kurz mit dem Mann vom Notfallservice und teilte seinem Bruder dann mit: „Es kommt gleich jemand. Ich rufe mal eben den Notar an und gebe Bescheid." Als das erledigt war, fragte er, nur aus Höflichkeit und weil er nicht mehr schweigen wollte: „Was ist das eigentlich für ein ‚Riesending', von dem du vorhin sprachst?"
Obgleich hier ja nun wirklich niemand sein konnte, der sie hören konnte, sah Hubert sich verschwörerisch um und flüsterte: „Gold."
„Gold?"
„Ja, jede Menge! In Australien. Ich muss mir nur eine Ausrüstung kaufen, dann geht's los." Hubert grinste so breit, als bemühte er sich, mit den Mundwinkeln an seine Ohren zu kommen.

„Jetzt klingst du wie in einem drittklassigen Western."
„Danke! Die Ausrüstung ist nicht ganz billig, aber ein Vögelchen hat mir gezwitschert, dass sich das lohnen kann. Richtig lohnen. Da hast du Flug, Zelt, Jeep etc. in Nullkommanichts wieder drin."
„Das ist jetzt nicht dein Ernst?" Joachim schüttelte den Kopf. „Was sagt deine Freundin dazu? Esmeralda?"
„Die kommt mit. Findet's cool. Überhaupt, Australien, überleg mal!"
Joachim überlegte mal. Und kam zu dem Schluss, dass sein Bruder ein echtes Problem im Oberstübchen zu haben schien.
„Was arbeitest du denn überhaupt zurzeit hier?", versuchte er abzulenken.
„Ich bin bei einer großen Reinigungsfirma. Da hab ich den Typen kennengelernt, der mir das erzählt hat mit dem Gold. Der hat da schon richtig viel gefunden in Australien."
„Deshalb arbeitet er auch bei einer Reinigungsfirma?", fragte Joachim mit süffisantem Lächeln.
„Ja, noch. Aber Mensch, das ist der Hit! Wir freuen uns total darauf, Esmeralda und ich! Willste 'n Foto sehen? Wir sind schon fünf Jahre zusammen."
Er kramte aus seiner Tasche ein Foto von einer hübschen, lachenden Frau hervor, die ungefähr in Huberts

Alter sein musste.
„Fünf Jahre? Das ist ja richtig lange."
Hubert hatte sich auf den Boden gleiten lassen. „Esmeralda ist 'ne klasse Frau. Sie ist echt gechilled."
Gechilled. Joachim hatte das Wort schon einmal in der Zeitung gelesen, die jungen Leute sprachen so.
„Und …" Jetzt wurde Hubert wieder leiser und sprach in verschwörerischem Tonfall: „Sie kann Gold riechen. Sie ist besser als jeder Detektor. Haben wir erst vor Kurzem herausgefunden."
Oh Gott, sein Bruder war wirklich komplett verrückt geworden. War er überhaupt geschäftsfähig? Oder musste er, Joachim, jetzt für ihn sorgen? Was, wenn er hier im Fahrstuhl durchdrehte?
Es fiel ihm wieder ein, wie sein kleiner Bruder mit elf, zwölf Jahren mal einen Kaugummiautomaten geknackt hatte. Kriminelle Energie gepaart mit Wahnsinn, das war gefährlich.
Vielleicht sollte er Interesse heucheln, zumindest solange sie hier auf engstem Raum zusammen waren.
„Ah, toll. Wie habt ihr das rausgefunden? Und wie macht sie es?"
„Na ja, sie ist Arzthelferin, immer von einem Arzt zum anderen, du glaubst nicht, was das für ein mieser Job ist, und schlecht bezahlt noch dazu. Du musst echt

Glück haben, an welchen Dottore du da gerätst. Und sie hatte so einen Volldeppen zuletzt, Hautarzt. Da musste sie immer in der Mittagspause mit seinem Hund gehen und seine Hemden zur Reinigung bringen und so, da ist sie dann weg, und jetzt ist sie seit Kurzem bei einem Zahnarzt." Er zog die Augenbrauen hoch, als hätte er Astronaut oder Bundespräsident gesagt. Nach einer bedeutungsschweren Pause fuhr er fort: „Sie riecht das Zahngold."

Joachim musste lachen. Sein Bruder war immer schon ein Spinner gewesen. Hubert hatte schon ernsthaft versucht, Seifenblasen mit Haarspray zu fixieren, und glaubte fest daran, dass der Mensch irgendwann in der Lage sein würde, von selbst zu fliegen. Aber das übertraf jetzt wirklich alles.

Gold riechen – was für ein Blödsinn! Er bemühte sich, nicht laut loszulachen.

„Grins' nicht so blöd – es ist wirklich so! Sie sagt, es ist dann so ein metallischer Geruch in der Luft, wenn jemand mit viel Zahngold reinkommt. Außerdem muss sie dann niesen. Beim Juwelier ist es ganz schlimm, da kriegt sie kaum Luft und hat richtige Niesflashs."

Joachim rutschte zu seinem Bruder auf den Boden und sah ihn entnervt an: „Du glaubst den Quatsch doch nicht etwa wirklich?"

„Ich hab's selbst miterlebt! Ich saß im Wartezimmer bei ihrem Doc und da kam ein stinkreicher Opi rein, da musste sie gleich dreimal niesen. Und dann flüsterte sie mir zu 14, 15, 26. Und dann kam der Arzt mit dem Opa raus und sagte: ‚14, 15 und 26 sind o.B., Gold eben.' Hallo? Die Nummern von den Goldzähnen! Ich meine, das ist doch irre!"

Bevor Joachim erwidern konnte, wie irre, piepte sein Handy. „Lustig. Jutta hat anscheinend gerade deine Esmeralda getroffen. Sie wollte mich abholen, genau wie deine Freundin dich. Der Pförtner hat ihnen gesagt, dass wir im Fahrstuhl sitzen, jetzt sind sie zusammen einen Kaffee trinken gegangen." Er lächelte abfällig. „Vielleicht hat Esmeralda ja gerochen, dass Jutta Goldschmiedin ist."

Hubert nickte wissend: „Ja, das kann ich mir auch vorstellen."

Langsam wurde es Joachim zu bunt hier auf diesen paar Quadratmetern mit seinem verrückten Bruder. Er drückte entnervt wieder und wieder den Alarmknopf, was natürlich nichts half. Sein Handy klingelte, Gott sei Dank hatte er hier wenigstens Empfang. Es war die Sekretärin des Notars. Dr. Wiegmann hatte einen höchst wichtigen Außer-Haus-Termin und musste die Testamentseröffnung leider verschieben.

„So ein Mist!“, entfuhr es Joachim. Jetzt musste er seinen Bruder nicht nur hier noch eine Weile, sondern auch noch ein zweites Mal ertragen.
Diesen wiederum schien die Nachricht nicht sonderlich zu beunruhigen. Er zuckte mit den Schultern, knuffte Joachim in die Seite und schlug freudestrahlend vor: „Falls wir hier je wieder rauskommen, führen wir unsere Ladys richtig schön zum Essen aus.“ Oh Gott, noch länger mit IHM, nein, und das an Juttas Geburtstag! Und diese Esmeralda konnte ja auch nicht ganz normal sein …

Zwei Stunden redete Hubert auf ihn ein: Joachim und Jutta sollten doch mit nach Australien kommen, mal ein Abenteuer erleben, etwas Farbe in ihr Leben bekommen und mal was „Verrücktes“ machen und dabei auch noch unermesslich reich werden. Er hörte sich das alles geduldig an, nickte ab und zu lahm oder zuckte mit den Schultern – wenigstens wurde es so nicht allzu langweilig.
Als endlich die Tür aufging, war Joachim erschöpft und sehr, sehr glücklich. Draußen standen Jutta und Esmeralda mit dem Mann vom Fahrstuhldienst. Als er sich Esmeralda vorstellte, musste sie niesen. Einmal, zweimal, dreimal.

„Wisst ihr was? Nach diesem Abenteuer sollten wir alle zusammen etwas essen gehen! Ich habe heute Geburtstag und lade euch ein!“, strahlte Jutta.
„Oh Mann, witzig, Schwägerin, dieselbe Idee hatte ich auch schon! Aber ich wusste nicht, dass du Geburtstag hast – alles Gute!“
Joachim seufzte, denn auch Huberts Freundin hielt das Essen für eine gute Idee, obgleich sie unaufhörlich nieste.
Sie setzten sich gegenüber zum Italiener und Esmeralda schnäuzte sich ausgiebig, bevor sie fragte: „Entschuldige, Joachim, aber du hast nicht zufällig Gold in der Tasche?“
„Bitte?“ Joachim guckte sie entgeistert an.
„Ich weiß nicht, ob Hubert dir das erzählt hat, aber ich merke das, ich rieche Gold. Und – auch wenn sich das jetzt komisch anhört – es ist, als hättest du ein dickes Goldstück in der Tasche. Auf deiner linken Seite.“
Siedend heiß fiel es ihm ein – Juttas Geburtstagsgeschenk! Er zog die Schachtel aus der Tasche: „Für dich, mein Schatz! Zum Geburtstag!“ Jutta starrte erst ihre Schwippschwägerin in spe an, dann ihren Mann, bevor sie die Schatulle öffnete: eine Goldmünze an einer goldenen Kette, genau die, die sie immer wieder im Schaufenster bestaunt hatte.

„Danke, mein Schatz!“ Sie freute sich sichtlich, fragte aber: „Esmeralda, woher wusstest du das? Wie meinst du das, du ‚riechst Gold‘?“ Esmeralda lächelte. Joachim war platt. Das gab es doch nicht! Woher konnte sie das gewusst haben? Selbst wenn er seinem Bruder von dem Geschenk erzählt hatte – wozu es nicht gekommen war, da war er sich sicher –, hätte Hubert ihr es ja irgendwie mitteilen müssen. Hieß das, es stimmte wirklich? Gab es Menschen, die dazu in der Lage waren? Gold zu riechen? Er musste das zu Hause mal googeln. Es konnte eigentlich nicht sein, alles sprach dagegen. Esmeralda erzählte Jutta ihre Geschichte, während Joachim weiter grübelte.
Aber was, wenn es doch so war? Das hieße ja wirklich – bevor er zu Ende gedacht hatte, hörte er sich zaghaft sagen: „Ich wollte immer mal nach Australien.“

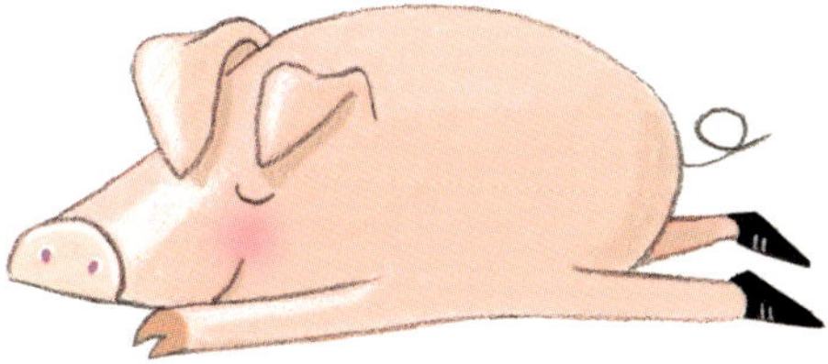

Das Königskind

Es war einmal ein König, in dessen Stadt große Armut herrschte. Seine Untertanen waren verbittert und unzufrieden und sie fürchteten ihren Herrscher. Eines Tages ließ der König alle Bewohner am Stadtplatz versammeln und verkündete: „Ich habe heimlich ein Königskind gegen eines eurer Kinder getauscht. Behandelt es gut. Sollte ich erfahren, dass meinem Kind Schlechtes widerfährt, werde ich den Schuldigen zur Rechenschaft ziehen!“

Die Stadtbewohner fürchteten die Strafe. Doch niemand wusste, welches das Königskind war. So begannen die Menschen, alle Kinder in der Stadt so zu behandeln, als wäre jedes einzelne das Königskind. Es vergingen viele Jahre. Die Kinder wurden zu Erwachsenen und bekamen selber Kinder. Der alt gewordene König beobachtete mit Freude die Entwicklung in seiner Stadt. Aus dem früher armen und schmutzigen Ort wurde eine prachtvolle, weit über die Landesgrenzen bekannte Stadt. Es gab Krankenhäuser, Schulen, eine große Bibliothek ... und die Bewohner waren zufrieden und glücklich.

Quellen

Doris Bewernitz, Vom Finden eines Gartens und Komposttherapie.
Aus: Doris Bewernitz, Wo die Seele aufblüht: Warum ein Garten glücklich macht.
© 2014 Herder Verlag GmbH, Freiburg im Breisgau

Ajahn Brahm, Das Zwei-Finger-Lächeln.
Aus: Ajahn Brahm, Die Kuh, die weinte. Buddhistische Geschichten über den Weg zum Glück. Übersetzung: Martina Kempff.
© 2006 LotosVerlag, München, in der Verlagsgruppe Random House GmbH

Elke Bräunling, Ein Glück für das Sparschwein.
© bei der Autorin, www.elkeskindergeschichten.de

Lily Brett, Das Auto. Aus: Lily Brett, New York.
Aus dem Amerikanischen von Melanie Walz.
© 2001 Suhrkamp Verlag, Frankfurt am Main

Georg Bydlinski, Luck & Happiness.
© beim Autor, www.georg-bydlinski.at

Elke Heidenreich, Erika.
Aus: Elke Heidenreich, Kolonien der Liebe.
© 1992 Rowohlt Verlag GmbH, Reinbek bei Hamburg

Wir danken den Autoren und Verlagen für die freundliche Abdruckgenehmigung. Sollte es dem Verlag trotz intensiver Bemühungen nicht gelungen sein, die Inhaber der Textrechte zu ermitteln, bleiben berechtigte Honoraransprüche erhalten.